JN108774

語呂合わせで急所をチェック

中島 基浩
Nakajima Motohiro

公務員試験

文芸社

「どんなとき、どんなことでも、平均点を取るのが公務員の仕事」。

配属された課の上司から配属初日の私に贈られた言葉です。

試験との関連では、受験生がどんなことでも平均点を取れるのか判定しなければなりません。その結果、公務員試験の範囲は日本で一番幅広い試験になりました。

一方、人間には限界があります。24時間365日という時間的限界、頭脳が収容できる記憶の限界、試験時間内に問題を処理しなければならないという速度的限界。その結果、公務員試験の深さは決して深くありません。正直なところ、中学校入試レベルの知識が問われることもあります。

絶望的に幅は広いが決して深くはないこの公務員試験を乗り越える一つの手段として、この本では語呂合わせを提案します。語呂合わせで全てが解決するとまでは申しませんが、苦手なところ、相性のいい語呂合わせ、直前のあと1点等、正攻法の勉強の合間に、パラパラと興味のあるページをめくって、一つでも知識を補強して頂ければ幸いです。

語呂合わせで済んだら何よりも勉強がラクに済みますし、語呂合わせが試験で出たら心理的にスッキリと瞬間的に解けます。本試験のメンタル面への好影響は解く勢いがつき、その結果解答時間が短縮されるので、語呂合わせの効果は非常に大きいのです。

勉強の合間に、今日は就活で1日外に出なければならないという日に、この語呂合わせの本一冊あれば、その日1日は語呂合わせの習得に充てられる、という本にしたつもりです。

勉強開始1日目に読んでもいいですし、試験前日の総仕上げに読んでもいいですし、本試験会場に持って行く一冊にしてもいいでしょう。

肩の力を抜いて、リラックスしながら読んで頂ければと思います。

公務員試験講師　中島基浩

目次

（単元別・語呂合わせ）

1．人文科学

2．社会科学

コラム　語呂合わせの発想の仕方 ………………………………… 159

（付録）

年号語呂合わせ …………………………………………………… 161

あとがき …………………………………………………………… 171

はじめに

　公務員試験には公務員の種類により国家総合職のキャリア官僚、国家一般職・地方上級、警察官・消防官、国家Ⅲ種・地方初級などのカテゴリーがあります。

　この本では一番ニーズが強いと思われる、**国家一般職・地方上級**に焦点を当てます。また警察官・消防官試験にも使えると思います。

　公務員試験の試験科目は教養科目（高校で勉強する科目）と専門科目（大学で勉強する科目）の二つに分かれます

　教養科目の中には、知能科目として数的処理（論理パズル）と文章理解（現代文、古文、英文の読解）が、これに加えて知識科目として人文科学（日本史・世界史・地理・思想・文学芸術）・社会科学（政治、法律、経済、社会）・自然科学（理科）と多様な科目が出題されます。専門科目も法律、経済、政治学、社会学、国際関係等のたくさんの科目が出題されます。

　ラクに覚えることのできる語呂合わせの必要性は科目が雑多な教養科目において、より高いものと思われます。

　そこで、この本では頻出事項の語呂合わせ中心の解説をします。

語呂合わせの必要性

　この本では年号の語呂合わせも含めて、語呂合わせをたくさん教えますが**全部覚える必要はありません**。

　語呂合わせはあくまで「**次善の策（the second best）**」であることを理解してください。年号の語呂合わせも直接出題はないものの、事件の①**前後関係を知っておいた方がよい**し、みなさんの②**理解にも資する**という趣旨で紹介しています。

　ただし、そもそも語呂合わせなんか覚えなくても、1979＝ソ連アフガニスタン侵攻、とぱっと覚えられるのならそれに越したことはありません（**手段において次善**）。

　また、本当に内容と語呂とが一致した完全な語呂合わせを全ての論点で作るのはそもそも不可能です（**内容においても次善**）。

　さらに語呂合わせも覚えなければならず、かえって記憶の量が増えてしまうという弊害も見逃せません（**量が増える**）。

　それでも語呂合わせが必要な理由は二つあります。

　一つ目は、科目がどんどん積み重なっていくと、インパクトのある覚え方でないとどんどん**知識が霞んでいく**ことにあります。二つ目は、語呂合わせなら本番で**瞬間的に解ける**し、かつ**心理的にもスッキリした形で解ける**からです。私の語呂合わせで**5秒で解けた**という受講生もいらっしゃいました。

　ただし、語呂合わせには相性もあるでしょうから、できれば**自分オリジナルの語呂合わせ**を考えておいて欲しいところです。内輪でしか通用しないインパクトある語呂合わせが、自分一人にとっては次善ではなく最善の語呂合わせになると思うからです。

人文科学 － 日本史

日本史は1～2問出題されます。2問出題される場合、1問は20世紀史や戦後内閣史である場合が多いです。理系の方の中には歴史を全捨てされる方もいらっしゃるかもしれませんが、せめて1945年以降だけは勉強してください。

過去問の演習と、テキストで講師が指摘した箇所に絞って、この2つをひたすら繰り返してください。他の受験生もできることは、この2つに限られるはずです。

センター試験のような細かい知識や、記述試験のような固有名詞の一言一句の丸暗記は不要です。語呂合わせの「点」から、各自の演習で「線」や「面」に知識を広げていってください。

私地私民制 教養

屯倉（みやけ）は宮様の土地

　屯倉をまず「みやけ」と読めるように勉強しましょう。

　そのうえでみやけは宮様＝天皇の土地・大和朝廷の直轄領だったと覚えておきましょう。

藤原氏の政界進出のプロセス 教養

長崎→広島→奈良→江戸

①長屋王の変
②藤原広嗣の乱
③橘奈良麻呂
④恵美押勝の乱
⑤道鏡の追放

　奈良時代の藤原氏の政界進出のプロセスの覚え方です。日本を西から東にたどっていけばいいでしょう。

　聖武天皇は東大寺に大仏を作って、仏教の力で国家の安寧を願いますが、現実の政治は藤原氏に権力を握られていくことになります。

　順番が大事な語呂合わせです。大学入試等では長屋王とか、いちいち覚えないといけませんが、公務員試験では出来事の順番、前後関係がよく問われます。

悲惨な天才、高野豆腐を真空パック

「悲惨」＝比叡山

「天」＝天台宗

「才」＝最澄

「高野」＝高野山

「真」＝真言宗

「空」＝空海

平安仏教の覚え方です。奈良時代の仏教が鎮護仏教（国家のための仏教）だったのに対し、平安仏教は貴族のための仏教になります。

奈良仏教は顕教（答えは顕か〈あきらか〉、答えは書いてある）で、顕かな答えをお経で勉強するというものでした。奈良時代のお寺は街の中にあります。一方平安時代は密教です。答えは秘密です。一生懸命加持祈祷（おまじない）をして、比叡山を千日飲まず食わずで歩いて、その後の神秘体験に仏さまが現れると考えます。平安時代のお寺は比叡山、高野山等、山にあります。

仏教史はよく出る論点の一つです。天台宗、最澄、比叡山のセットと真言宗、空海、高野山のセットを覚えれば肢（＝選択肢のこと）は絞れるでしょう。比叡山は琵琶「湖」にあるから空「海」とは相性が悪いと覚えてもよいでしょう。

別の覚え方は、天台宗と最澄は「天」と「最」は頭にちょんまげがない、真言宗と空海は、「真」と「空」で頭にちょんまげがあるというものです。

反乱はよしとき

「反乱」＝承久の乱
「よしとき」＝北条義時

やっとれん表情で御成敗

「やっと」＝泰時
「れん」＝連署
「表情」＝評定衆
「御成敗」＝御成敗式目

ときより、引き付けられる

「ときより」＝時頼
「引き付けられる」＝引付衆

胸がときめくモンゴル軍

「胸がときめく」＝時宗
「モンゴル軍」＝元寇

サダムの専制

「サダム」＝貞時
「専制」＝得宗専制政治

日本史の特徴は、天皇の権威と世俗の権力が分離していることです。鎌倉幕府も鎌倉将軍が権力を握っていましたが、源氏の将軍は3代で途絶えて、以降は北条氏の執権が実質的な権力を握ることになります。北条氏は平氏の血筋なので、鎌倉将軍にはなれません。

　義時は、反乱はよしときぃ、およしになって、やめなはれ、と方言ではんなりと覚えます。

　泰時は、覚えることが多いですが、この語呂で何とかしましょう。受講生が5秒で解けたと言ってくれた語呂合わせです。

　時頼は、正答ではなかなか出にくい。いい人だけど、本命でないというか!?　ただ選択肢5つにしたい場合、格好の間違いの素材として出てくるので、sometimes引き付けられると覚えましょう。

　北条氏は血筋が平氏でもともと正統性が薄いので、ポストを増やして民主的に決めてますという体裁を取って、権力維持を図ります。連署や評定衆、引付衆はその文脈で理解しておくとよいでしょう。

　時宗は、モンゴル軍も日本を前にして胸がときめいていたんだな、とイメージしましょう。

　貞時は、鎌倉幕府は落ち目だったのですが、時流に逆らう動きをします。ただでさえ平氏の血筋で正統性が薄い北条氏なのに、これからは北条の血筋で物事を決めると宣言します。これが得宗専制政治です。

　鎌倉幕府は以降落ち目になり、建武の新政を経て、室町時代につながります。

　執権政治のこの5人はよく出るので、語呂合わせで対処できるようにしてください。

丸いまくらを宅配便に注文

「丸」＝問丸
「まくら」＝かまくら、鎌倉時代

　問丸は鎌倉時代の宅配便です。室町時代に時代が下ると、問屋になります。鎌倉時代と室町時代の産業はどちらが鎌倉でどちらが室町かを覚える必要があります。

室町時代の六斎市の覚え方 教養

むろまち時代＝六

　六という数字を「む」とも読めれば、覚えられるでしょう。

江戸時代の三大改革と田沼政治 教養

京都、高松、天然水

「京」＝享保の改革
「都」＝徳川吉宗
「た」＝田沼意次
「か」＝寛政の改革
「松」＝松平定信
「天」＝天保の改革
「水」＝水野忠邦

　これは順番が大事な語呂合わせです。三大改革の順番と田沼政治の順番と誰がどの改革をしたかを覚えましょう。とにかく京都、高松、天然水と覚えてください。

　三大改革（享保、寛政、天保）は農業に焦点、田沼意次は商業に焦点を置いた改革です。

　享保の改革が一番覚えることが多いので、これは後回しにして、残り3つを覚えるというのが、受験政策上賢いやり方です。

　享保の改革は、特に公事方御定書、上米の制、漢訳洋書輸入の禁を緩和が重要です。

　田沼政治はバブルっぽい、開発が多い。株仲間公認、運上・冥加といった営業税の増収が重要です。

　禁止の多いお堅いのが寛政の改革。浅間山が噴火し（噴煙で悪天候になって小麦が取れなくなってフランス革命に影響）、凶作に備えた政策が取られます。寛政異学の禁（長いものにまかれろ＝封建秩序を重んじる、朱子学以外禁止）、棄捐令（借金棒引き）が重要です。

「人に株あげる」（人返しの法、株仲間解散、上知令〈じょうちれい、あげちれい〉）と天保の改革は覚えておけばよいでしょう。

ひとハコしまう日米和親条約

「ハコ」＝箱館
「しまう」＝下田

　年号と地名を同時に覚えることのできる語呂合わせです。
　下田、箱館を開港します。

ハリの糸通す

「ハリ」＝ハリス
「糸」＝井伊直弼
「通す」＝日米修好通商条約

　日米和親条約と紛らわしいので、こう覚えます。

桜田門外の変 （教養）

桜はいいな

「桜」＝桜田門外の変
「いいな」＝井伊直弼

幕末の老中とアメリカへの対応

老中	米国のお相手	何をしたか？	最後は？
阿部正弘	ペリー	日米和親条約 （1854年）	
井伊直弼（大老） 堀田正睦（老中）	ハリス	日米修好通商条約 （1858年）	井伊直弼は桜田門外 の変で暗殺
安藤信正		公武合体	坂下門外の変で負傷

※日米修好通商条約：日本に不利な不平等条約。領事裁判権（治外法権）、
　法的に不利、関税自主権なし、経済的に不利。勅許（天皇の許し）な
　しに結んだ。
※公武合体：皇女和宮を14代将軍家茂の妻として迎えた。

　幕末の老中と米国のお相手、何をしたか、ややこしいのでまとめ
ました。
　阿部の「べ」、ペリーの「ペ」で関連づけて覚えましょう。
　井伊直弼とハリスは、「ハリ」の糸（井伊直弼）通す（日米修好
「通」商条約）と覚えてください。
　井伊直弼が桜田門外の変で暗殺されたというのも「桜はいいな」
と覚えておきましょう。
　安藤信正は負傷なので、微妙に違います。

ここから始まる、朝鮮開国

「ここか」＝江華島事件

　覚えることが1個しかない語呂合わせですが、忘れやすいポイントなので敢えて語呂合わせにしました。

とうがらし

「とうが」＝東学党の乱
「し」＝日清戦争

　江華島事件と東学党の乱はお互いに紛らわしいのです。ばかばかしいかもしれませんが、公務員試験の問題のレベルは「東学党の乱の結果朝鮮が開国した」くらいのレベルのものが多いです。

日清戦争の「し」＝下関条約の「し」

　これも単純ですが、日露戦争とごちゃまぜに覚えないように。
　日清戦争の結果、下関条約が結ばれたと覚えてください。

明治期の内閣総理大臣の順番 教養

いくやま・いまい・おやい・かさかさ

「い」＝伊藤博文
「く」＝黒田清隆
「や」＝山県有朋
「ま」＝松方正義
「お」＝大隈重信
「か」＝桂太郎
「さ」＝西園寺公望

「いくやまさんといまいさんが、親の胃がかさかさだって話をしている」というイメージで覚えてください。

　まあ、何でもいいので、覚えておくと、頭の中がすっきりしていいでしょう。

ガンジー、大青陸（青）小

「ガン」＝岩倉具視
「ジ」＝寺島宗則
「一」＝井上馨
「大」＝大隈重信
「青」＝青木周蔵
「陸」＝陸奥宗光
「小」＝小村寿太郎

　条約改正の責任者の覚え方です。ガンジーはそのまま大から小へで、陸の周りは青い海と覚えます。陸奥の後に青木がもう1回カムバックしているのですが、細かいので公務員試験的には無視です。

　試験的には、陸奥宗光（治外法権の撤廃）と、小村寿太郎（関税自主権の回復）が非常に重要です。

　条約改正が、朝鮮半島確保と並ぶ明治外交の悲願でした。

遼君、ロフトで買い物

「遼」＝遼東半島
「ロ」＝ロシア
「フ」＝フランス
「ト」＝ドイツ

日清戦争と日露戦争の間の、三国干渉の覚え方です。

日清戦争の結果、日本は下関条約（日清の「し」、下関の「し」）を結び、清から遼東半島と台湾の割譲、賠償金2億両を得ました。しかし、遼東半島は満州への拠点であり、満州を通じての南下を図るロシアからすると、見過ごすことができません。そこで、フランスとドイツを誘って、三国で日本にプレッシャーをかけます。日本が実際にロシアを相手にするのは10年後になります。

プロゴルファー石川遼が、ロフトで買い物しているというイメージで、覚えてください。

日露は六本木で勝負

「六」＝日露戦争
「本」＝ポーツマス条約
「木」＝義和団事件

　日露戦争関連の覚え方です。義和団事件（北清事変ともいう）は、義和団（白蓮教系の秘密結社、新興宗教のようなもの）が中心になった中国の排外抵抗運動（反日デモみたいなもの）です。「扶清滅洋」（清がんばれ、外国出て行け）をスローガンに、各国公使館やキリスト教会を襲撃します。日本を中心とした8カ国連合軍により、鎮圧されます。

　ただ、この義和団事件後も満州からロシアが兵を引かないということで、日露戦争が起こります。

　日本は勝つには勝つのですが、まさかモスクワまで攻めるわけにもいきません。ロシアにしても、モスクワまでは日本は来ないのですが、血の日曜日事件があって安泰ではありません。アメリカ大統領セオドア・ルーズベルトが仲介に入って、ポーツマス条約が結ばれます。

　戦争に勝つと、お金と領土がもらえるのが当時の常識ですが、モスクワまで攻められていないロシアは譲歩せず、賠償金はゼロでした。これに怒った民衆が、日比谷焼き討ち事件を起こします（まさに今で言う「炎上」と同じ）。

　ちなみに「滅満興漢」（満州族＝清滅びよ、漢民族復活せよ）は太平天国の乱のスローガンです。

寺内内閣の時の米騒動 教養

お寺に行って米よこせ

　単純な語呂合わせですが、知っておいた方がよいでしょう。米騒動はシベリア出兵でお米の需要が高まり米価が上がったために起きたのです。

田中内閣（戦前・戦後） 教養

田中義一内閣のモラトリアム
（「タモリ」と覚える）

　戦前の方の田中内閣です。
　モラトリアム（＝銀行での支払いを一時停止すること）によって金融恐慌を終結させました。

田中角栄内閣　日中国交正常化
（中曽根内閣ではない）

　戦後の方の田中内閣は何といっても日中国交正常化を知らないといけません。中曽根内閣は国鉄・電電公社・専売公社を民営化し、JR・NTT・JT（日本たばこ産業）を発足させたことが出るでしょう。

らりるれろ

「り」＝柳条湖事件→満州事変
「ろ」＝盧溝橋事件→日中戦争

　1931年柳条湖事件が起こり、満州（中国東北部）で戦争状態になります（満州事変）。1937年盧溝橋事件が起こり、中国全土で日本と中国が戦争になります（日中戦争）。

　柳条湖事件と盧溝橋事件を入れ替えた選択肢が頻出です。らりるれろ、と五十音順でりの柳条湖が先、ろの盧溝橋が後と覚えてください。

　柳条湖の「り」と満州事変の「まん」で、「**リーマン（ショック）**」と覚えてもよいでしょう。

　ちょっと、大げさなタイトルですが、公務員を目指すというのは大変です。

　試験形式も択一、論文、面接と多様ですし、科目も教養科目、専門科目とあって、人文、社会、自然、数的処理、文章理解、法律、経済、政治・行政と他の資格試験には類を見ない幅を持っています。

　しかも、ペーパーテストだけでなく面接という不確定要素もあるし、合格が最終目標ではなくて採用されてナンボというものです。

　一言で「法律系科目」といっても、憲法・民法・行政法もあるし、職種によっては商法・労働法・国際法も勉強しなければなりません。

　憲法一つとっても人権・統治とあって、それぞれの分野で、その研究で生計を立てている学者がいっぱいいるくらいだから「深くて小難しい」のです。

　しかも「自己実現の価値」も「オームの法則」も「沖縄音楽の音階」まで出題される「広い」公務員試験だから、人生で出会うあらゆることが問われる公務員試験はある意味「人生の縮図」です。

　したがって、準備も大変です。およそ他の資格試験や学校の定期試験では（そんなことないぞと言われるかもしれないけど）、「完璧な準備」というのもできるかもしれません。

　しかし、公務員試験では「完璧な準備」というのはできるわけがありません。合格した外務I種試験（当時は外務省独自で試験が行われていた）の時の私の経験からいっても、「完璧な準備」というのは机上の計算だけ。ビクビクもので試験に臨みました。

　ただ、「ビクビクはみんな一緒だ」とある意味開き直ってはいま

した（だから、受かったのかな？）。「どうせ、みんなできない」ですね。

　完璧な準備なしで結果が問われるというのは、公務員試験も公務員の実務も、そして多分社会人の仕事も同じだと思います。

　いろんな事態に対処すべく「入念な準備」はすべきですが、準備どおりにいかないのが試験本番であり、みなさんを待っている実務もこの点は同じです。完璧な準備は不可能だが、入念な準備は必要。試験本番も実務もまさに「走りながら考える」であり、この意味でも公務員試験は「人生の縮図」なのです。

　みなさんも勉強をしていて「試験まで時間がない」とあせるかもしれませんが、完璧な準備というのはありえません。ソクラテスだって、ケインズだって、iPS細胞の山中教授だって、公務員試験の完璧な準備は不可能です。

　入念な準備は心がけて。

　しかし、本番ではもしかしたら「今までの勉強は何だったのか？」と絶望に近い心境に陥るかもしれませんが、そこで「これまた人生なのだ、みんな同じだ」と思うだけで、難問・奇問や圧迫面接等の「非常事態」にも対処できるのではないかと思います。

人文科学 − 世界史

世界史は1〜2問出題されます。2問出題される場合、1問は20世紀史や冷戦史である場合が多いです。日本史と同様に1945年以降は勉強してください。社会科学の理解にも直結します。

中国史が出題される可能性もかなりあるのですが、中国史は西洋史と違って社会科学の理解とは直結しません。時間がないのなら、中国史は辛亥革命以前はスルーでも構いません。その分、ルネサンス以降の西洋史をしっかり勉強しましょう。

一から勉強される方はハードかもしれませんが、世界史はいろいろな科目にジワジワ効いてきます。過去問中心の虫食い状態でも構わないので、できましたら世界史にも取り組んでください。

倭の五王は5世紀、3世紀は中国は三国時代、朝鮮は三韓に分立

全て数字が一致しています。語呂合わせではありませんが、容易に得点できるので覚えておいてください。

骨の髄まで、試験好き

「髄」＝隋
「試験」＝科挙（公務員試験）

中国の隋王朝の時に、科挙（公務員試験）が始まったという語呂合わせです。

中国で公務員になれると、社会的地位も素晴らしく経済的にも恵まれるので、皆公務員になりたがりました。前漢の時代に郷挙里選が行われるのですが、うまくいきません。魏晋南北朝期に九品中正制が行われるのですが、これもうまくいきません。

従来の制度だとコネ等能力以外のところに依るところが大きいので、能力を客観的に試験でテストするという、科挙つまり現在で言うところの公務員試験が隋王朝から実施されます。

朝鮮でも、高麗・李朝時代に行われました。

タラス河畔の戦い　教養

長い紙を垂らすの戦い

<ruby>長<rt>7</rt></ruby><ruby>い<rt>5</rt></ruby><ruby>紙<rt>1</rt></ruby>を垂らすの戦い

イスラム王朝のアッバース朝と唐が中央アジアで戦ったのが、751年タラス河畔の戦いです。

この時唐の捕虜に紙すき職人がいて、紙が中国からイスラム世界に伝わります。製紙法は後漢の105年に蔡倫が発明します。公務員試験では、紙は古代エジプトで発明されたとか、ルネサンスで発明されたとか、間違わせるパターンがいっぱい出てくるので、後漢の蔡倫としっかり覚えてください。

ということで、「紙を垂らす、タラスの戦い」と覚えましょう。

中国の四大奇書　教養

再三、水曜日、金曜日に中国の傑作発表

「再」＝西遊記
「三」＝三国志演義
「水」＝水滸伝
「金」＝金瓶梅

中国の四大奇書の覚え方です。

アルバイトのシフトが、水曜日と金曜日に入ったと覚えておきましょう。

銀が光ると明るい

　1492年コロンブスの新大陸（アメリカ大陸）発見で、新大陸に豊富にあった銀が大量に世界に流通します。

　ヨーロッパでは価格革命というインフレが起きます。中国では時の明でそれまでの両税法（貨幣、労働・生産物で税を払う）から、貨幣で払う一条鞭法が導入されます。

　貨幣で払うと便利だから、「鞭」法である、と覚えてください。貨幣で税がまかなえるだけ、銀（＝貨幣）が中国に流入したと覚えましょう。

鄭和の南海遠征 教養

楽しい南海キャンディーズ

「楽」＝永楽帝
「南海」＝南海大遠征
「ディ」＝鄭（てい）和

　最後の漢民族の王朝である明の第3代皇帝が永楽帝です。鄭和はイスラム教徒で、前後7回にわたり、東南アジアから西南アジアにかけて30余国に遠征しました。この遠征は、ヨーロッパ人来航以前における南方アジアの最大の事件でした。

　今日中国が、南シナ海で九段線を主張していますが、背景にこの鄭和の南海大遠征があると言われています。

銃一つ取る、ゴルゴ13

「銃一つ」＝11世紀
「取る」＝トルコ人
「ゴルゴ」＝モンゴル人
「13」＝13世紀

　11世紀はトルコ人の世紀、13世紀はモンゴル人の世紀の覚え方です。

　聖地エルサレムがキリスト教の地とされていたのを、イスラム教徒であるセルジューク・トルコが占領しました。その結果十字軍が開始されましたが、1096年、11世紀です。「十字組む十字軍」と覚えます。オスマントルコとはまた違うのでしっかり知っておいてください。セル「ジュー」クなので「十」字軍なのです。

　13世紀はモンゴル人が広いユーラシア大陸を支配します。日本にモンゴル軍が攻めてきた元寇も文永の役が1274年「とおになし蒙古の舟影」で、13世紀です。

3回の「さ」、サラディンの「サ」

　サラディンと第3回十字軍のつながりを把握するように。

買ってや、ポッキー

「買」＝カイロ
「て」＝テヘラン
「や」＝ヤルタ
「ポ」＝ポツダム

「買ってや、ポッキー」で、4つの会談の順番を覚えます。

　登場人物は3人です。最初のカイロだけが米英中。日本に関するためです。残りの3つは米英ソ。第2戦線はドイツの背後を突くべく、ノルマンディー上陸作戦を立案します。テヘランの「テ」と書くと、漢字の「二」に似ているので、テヘラン会談は第2戦線です。

　ヤルタまでは、ルーズベルト（野球のルーズベルトゲームのルーズベルト）、チャーチル、スターリンの3人組です。ポツダム会談までに、ルーズベルト大統領は亡くなって、副大統領のトルーマンが昇格して、ポツダムに来ます。イギリスは戦争中にも関わらず総選挙をして、保守党から労働党に政権交代します。イギリスは余裕です。アトリーがチャーチルの「跡」を「取って」来ます。ソ連は悪いやつはよく眠る、スターリンが皆勤賞です。

	米	英	ソ	中
1943年 カイロ （対日戦）	○ ルーズベルト	○ チャーチル	―	○ 蒋介石
1943年 テヘラン （第2戦線）	○ ルーズベルト	○ チャーチル	○ スターリン	―
1945年 ヤルタ （ドイツの 戦後）	○ ルーズベルト	○ チャーチル	○ スターリン	―
1945年 ポツダム （日本の 戦後）	○ トルーマン	○ チャーチル →アトリー	○ スターリン	―

〈覚え方〉

1943年　カイロ会談　　蒋介石の「介」、カイロの「カイ」。

　　　　テヘラン会談　「テ」と書くと「二」に似ている。

弱い頃、空しい涙

「弱」＝1948年
「頃」＝1956年
「空（むな）」＝1967年
「涙（なみ）」＝1973年

　それぞれ第1次、第2次、第3次、第4次中東戦争の覚え方です。
　中東戦争というのは、パレスチナ問題をめぐるイスラエルとアラブ諸国の戦争のことです。第1次はアラブ人のパレスチナの地に、ユダヤ人国家であるイスラエルが建国され、アラブ諸国が抗議して戦争になりました。第2次はエジプトのナセル大統領がスエズ運河を国有化したことに反発したイスラエルが英仏とともにエジプトと戦争しました。第3次はイスラエルの先制攻撃で発生し、6日間でヨルダン川西岸地区とガザ地区（現在のパレスチナ）、シナイ半島（現在のエジプト）、ゴラン高原（シリア領だがイスラエルが占領中）を占領しました。

　第4次が一番重要で、アラブ諸国はイスラエルと仲のいい国には石油を売らないという戦略を取ります。この結果、石油に大きく依存していた先進国は、物価高（インフレーション）と不況（スタグネーション）の共存するスタグフレーション（スタグ＋フレーション）に苦しむことになります。いわゆる第1次石油ショックです。

空輪で失敗ベルリン封鎖

1948年　ベルリン危機

ロープでキューバを封鎖する

1962年　キューバ危機

なくなるデタント、アフガニスタン

1979年　ソ連のアフガニスタン侵攻

　戦後冷戦史は、3つのヤマがあります。48年のベルリン危機、62年のキューバ危機、79年のアフガニスタン侵攻の3つの頂点に向かって緊張し、間が緩和するという流れです。

　まず戦後すぐのベルリン危機です。ドイツは西ドイツが米英仏の3カ国に占領され、東ドイツはソ連が占領します。東ドイツにあるベルリンだけが、西ベルリンは米英仏3カ国、東ベルリンはソ連が占領します。西ベルリンだけソ連圏の離れ小島にあって、豊かな西側に憧れる東側市民が西ベルリンに押し寄せます。ソ連は陸上を封鎖します（ちなみにベルリンの壁は1961年に造られた）。西側は空輪で対抗して、ソ連の封鎖は失敗に終わります。

　以降、「雪解け」なのですが、1962年ソ連のフルシチョフとアメリカのケネディが、キューバのソ連のミサイル基地建設を巡って対立します。キューバはアメリカのすぐ南の島国ですが、社会主義化しソ連陣営に入ります。アメリカからすると、自分の喉元にミサイル基地はありえません。当時の米ソ衝突は核戦争を意味します。現在地球があるのも、このキューバ危機で妥協が成立したからです。

米ソは何かあるたびに核戦争ではたまらないので、お互いに歩み寄ります。これがデタント（仏語で緊張緩和の意味）です。

　しかし、1979年デタントの隙を見て、ソ連がアフガニスタンに侵攻します。ソ連はとにかく凍らない海が欲しい、南下したいのです。これでデタントは無くなります。1980年モスクワオリンピックがありましたが、アメリカをはじめ西側諸国はボイコットします。1984年ロサンゼルスオリンピックは、ソ連等の東側諸国がボイコットします。

　冷戦は再び激化しますが、1985年ソ連にゴルバチョフ書記長が登場し、冷戦は1989年に終結します。ソ連の経済情勢が、もう西側との軍拡競争についていけない状態にあったのです。

韓国の王朝　教養

しこりが残る日韓関係

「し」＝新羅
「こ」＝高麗
「り」＝李氏朝鮮

　韓国は王朝が3つしかない、世界で珍しい国です（日本は1つしかない）。その王朝3つの覚え方です。

　新羅が朝鮮初めての統一王朝です。白村江の戦いで、百済・日本を破りました。

　高麗は新羅と同じく仏教を国教にしました。「大蔵経」をアジア最古の銅活字で印刷し、高麗青磁も作られました。

　李氏朝鮮では、両班という特権身分の文班と武班が政治を動かし、党争を繰り返します。

インド王朝 教養

アシカが回る

「アシカ」＝アショーカ王
「回る」＝マウリヤ朝

カニを噛んだら、クシャクシャだ

「カニ」＝カニシカ王
「噛んだら」＝ガンダーラ美術
「クシャクシャ」＝クシャーナ朝

　マウリヤ朝は紀元前3世紀〜2世紀頃の古代インドの王朝で、3代目のアショーカ王の時が全盛で、仏教が繁栄します。インド史上初の統一国家です。

　クシャーナ朝は1世紀〜3世紀にかけてのインドの王朝で、カニシカ王の頃栄えます。大乗仏教が盛んで、ガンダーラ美術が見られます。

　大乗仏教は北伝仏教で、インドから中国、ベトナム、朝鮮を経て日本に伝わります。祈っている人だけでなく、皆の往生を願うものです。

　上座部仏教（小乗仏教）は南伝仏教で、インドからスリランカ、東南アジア（除くベトナム）に伝わります。往生したければ、自分が出家して祈って修行しなさい、という考え方です。

「スンナ」り信じるから多数派

シーア派の「シ」、少数派の「シ」、ペルシャの「シ」

イスラム教の多数派と少数派の覚え方です。

多数派はスンニ派（スンナ派ともいう）、少数派がシーア派です。シーアはアラビア語で「党派」という意味です。だから「派派」なのです。

イスラム教徒の85％がスンニ派、残り15％がシーア派です。

4代目カリフ（＝ムハンマドの代理人、後継者）、アリーの血筋を重んじるのがシーア派、世俗の権力ウマイヤ朝を認め、それまでの都アラビア半島（現サウジアラビア）のメッカから、ダマスカス（現シリアの首都）への遷都を認めたのがスンニ派です。

アラブ民族（＝国家はバラバラ）とトルコ民族（＝トルコ国家）はスンニ派が多数派、ペルシャ民族（＝イラン国家）はシーア派です。

イスラム王朝 教養

馬が先、バスが後

ウマイヤ朝＝ダマスカス（シリアの首都）
アッバース朝＝バグダード（イラクの首都）
ティムール帝国＝サマルカンド
（ウズベキスタン東部、中央アジア最古の都市）

　イスラム王朝と都の覚え方です。
　ウマイヤ朝が先、アッバース朝が後です。ウマイヤ朝はアラブ人の帝国です。イスラム教の前では人間は平等だということで、イスラム帝国になったのが、アッバース朝です。
「馬が先、バスが後」、と覚えてください。

公務員試験は知識の幅の広さは日本一です。

「うなぎの蒲焼き」を作る試験があったとします。他の資格試験はこだわりの職人のうなぎの蒲焼きを作れる人が合格します。公務員試験はそうではありません。「ファミレスのうなぎ」を作れる人が合格できるのです。

そうです。公務員試験は「うなぎの蒲焼き」も作らないといけないし、「ティラミス」も作らないといけないし、「つけ麺」もつくらないといけないし、「肉じゃが」も作らないといけないのです。

他の資格試験では、「過去問」だけでは合格できない、という人がいます。事実そうだと思います。私が受験した試験では、行政書士試験は近年難化しているので、過去問＋αの知識が必要とされているようです。

しかし、公務員試験は知識の幅が広いのです。国語、算数、数学、英語、古文、化学、物理、生物、地学、日本史、世界史、地理、思想、文学芸術、政治、経済、法律、社会、時事の教養試験、法律学、経済学、政治学、行政系科目の専門科目のマークシート科目に加え、面接試験、集団討論、論作文、こんな試験は、日本には類を見ません。

現実、合格者でも過去問、全分野が100％こなせる人はいないかもしれません。

例えば、ソクラテスが今の公務員試験を受験しても（哲学は100点満点！）、面接では、「奥さんにいじめられて」とか言って、面接官に「この人はちょっと…」と思われるかもしれません。橋下徹さんは集団討論はバッチリ（最強のディベーター）、しかし、魔

方陣の問題とかn進法の問題とか（たぶん解かれるだろうけど）、案外苦戦されるかもしれません。

　テキストは過去問をこなすための補助線、手段にすぎません。
　目的は過去問です。過去問が全部わかれば、公務員試験の対策は終了です。
　直前期は時間がありません。まずは過去問です。1冊過去問が終わったら、他の問題集に手を出すのではなく、「他の科目の過去問」を勉強しましょう。
　普通は、過去問をこなしているうちに、本試験の日がやってくるでしょう。

　過去問が目的、テキストは手段です！
　ゆめゆめテキストやレジュメ中心になっていないか、自分の勉強を省みましょう。

人文科学－地理

地理は1～2問出題されます。傾向は読みづらいです。量的には日本史・世界史ほどではありませんが、満遍なくこなす必要があります。

地理は理屈なので、気候→土壌→農業の流れと、地形→資源→工業の流れを意識してください。

地図帳・白地図の活用は必須です。ニュースで地名を見たら、必ず手元の地図帳で確認してください。地道な努力です。白地図もネットで無料で手に入ります。プリントアウトして、色鉛筆等を使って、地名・地形・都市・河川・気候区等を白地図にまとめてください。

今日グローバルとローカルは直結しています。地元志望の方も、グローバルな視点を養ってください。

サンデーモーニングコーヒー

「サン」＝サンソン図法
「デー」＝低緯度
「モー」＝モルワイデ図法
「コー」＝高緯度

　サンソン図法が低緯度、モルワイデ図法が高緯度、そしてこの２つを組み合わせたのがホモロサイン（グード）図法になります。このつながりも覚えておきましょう。

whiskyで乾杯

「w」「s」が乾期

　ケッペンの気候区分のうち、wがwinterで冬で、sがsummerで夏というのはわかるが、乾期か雨期かどっちだっただろうかというのは、非常に迷うところです。

　この語呂合わせで、wは冬が乾期、sは夏が乾期というのを、覚えてください。

　Csが地中海性気候で、夏が乾期で、冬に雨が降るというのは、非常によく出ます。

熱帯の土壌 教養

ライトが熱い

熱帯は、ラトソル（ラテライト性土壌）

　野球に興味のある方は、東京ドームや甲子園のライトスタンドを思い出しましょう。

冷帯の森林の種類と土壌 教養

タイガース勝って、ほっとする

「タイガ」＝タイガ
「ほっとする」＝ポトゾル

　冷帯のタイガは針葉樹林の純林です。針のような葉っぱの針葉樹で、マツ、モミ等が典型です。純林はマツならマツばっかり生えています。熱帯雨林の、ラワンとかチークとかマホガニーとかごちゃごちゃ生えているジャングル状態とは、全然違います。

　タイガは人口密集地の近くに生えており、純林で利用しやすいので、昔から林業に利用されています。熱帯雨林は風土病もあって、交通も僻地で、純林でなく使い勝手も悪いので、熱帯雨林伐採は最近の動きです。

　ポトゾルは灰白色の土壌で、低温で有機物の分解が進みません。栄養分に乏しいです。何とか、タイガが生えている程度です。

　冷帯は北半球のみに存在するので、タイガも北米、ユーラシア大陸にのみ存在します。南緯60°くらいが、冷帯にあたるところなのですが、南半球の南緯60°は陸地が存在しません。

レグール土まとめ 教養

黒いデメキンぐれる

「黒」＝黒色土
「い」＝インド
「デ」＝デカン高原
「メキン」＝綿花（めんか）
「ぐれる」＝レグール土

　土の覚え方です。インドのデカン高原に地域限定的に存在するレグール土です。

「この気候にはこの土壌」とオートマティックに決まる成帯土壌に対して、このレグール土は地ビール的な、地域限定的に決まる間帯土壌の典型です。

　デカン「高原」は二酸化ケイ素の含有量が比較的少ない玄武岩でできており、なだらかな火山になります。玄武岩なので色は黒っぽくなります。草原土壌なので、枯れた草が土の栄養分になって、肥沃な土壌になります。

サバナには木がある、ステップには木がない

（サバナの「サ」の字を、90°横に転がすと「キ」になる）

　熱帯の乾期と雨期があるサバナ気候下の草原サバナには、木が生えます。一方同様に乾期と雨期がある、乾燥帯の草原ステップには、木は生えません。

　そもそもの覚え方は、もともとケッペンの気候区分を作ったケッペンが、木が生えないところを乾燥帯としたので、ステップには木はないのです。木が生えるには、一定量以上の水分は必須です。乾燥帯の降雨量はそれに足りないのです。

　サバナには木がある、ステップには木がない、と丸暗記できればいいのですが、緊張状態の本試験では「どっちだったっけ…？」となるのが、本試験あるあるです。

　そんな時は、サバナの「サ」の文字に着目して、90°転がします。「サ」が「キ」に見えませんか？

　手書きで書くと、もっとわかりやすいと思います。

　一度試してみてください。

ri̱ver ＝河川による谷　V字谷

hyo̱uga ＝氷河による谷　U字谷

　V字谷が海水に沈むとリアス式海岸になります。河川によって削られた谷で、液体が削るので削られる面は尖ってVの形になります。

　U字谷が海水に沈むとフィヨルドになります。氷河によって削られた谷で、固体が削るので削られる面はUの形になります。

ドルを奪われ、ポリスへ連絡

「ドル」＝ドリーネ
「奪われ」＝ウバーレ
「ポリスへ」＝ポリエ

　石灰岩が、二酸化炭素を含んだ雨水によって溶食されてできた地形です。旧ユーゴスラヴィアのスロベニアのカルスト地方にあることから、この名前が付きました。日本では山口県の秋吉台等に見られます。

　ドリーネが一番規模が小さく、ドリーネがつながってウバーレができて、さらに大規模になったものがポリエです。この語呂合わせも順番が大事です。

ドイツの工業地帯 _{教養}

ドライなルール

「ド」＝ドイツ
「ライ」＝ライン川流域
「ルール」＝ルール工業地帯

　ルール工業地帯はＥＵ最大の工業地帯です。

イギリスの工業地帯 _{教養}

リバニラとメンマ　ブラリ東洋旅行

「リバ」＝リバプール
「ニ」＝ペニン山脈の西側
「ラ」＝ランカシャー
「メン」＝綿花
「マ」＝マンチェスター
「ブラ」＝ブラッドフォード
「リ」＝リーズ
「東」＝ペニン山脈の東側
「洋」＝ヨークシャー
「旅行」＝羊毛

　これも強引な語呂合わせですが、念のために紹介しました。
　過去問（＝過去の出題例のこと）で出題されています。山脈の東側は大体乾燥地域になります。羊は乾燥地域で飼育されている場合が多いです。

スリランカの民族構成 教養

多数派（たすうは）　シンハラ族

少数派（しょうすうは）　タミル族

　ここは多数派が同じ「タ」のタミル族ならいいのにな、と諦めてはいけません。公務員試験は書いてあることがわかればいいので、ひっくり返してたすきがけにして覚えておけばよい論点なのです。

ノルウェーの位置、EUとの関係 教養

半島に乗る、ノルウェー

EUにノリの悪い、ノルウェー

　北ヨーロッパ諸国のうち、スカンジナビア半島に乗るように、上をぐるっと巻いて国土があるのがノルウェーです。

　沿岸を流れる北大西洋海流（暖流）のおかげで、国土のほぼ全域が不凍港です。

　ノルウェーはEUに非加盟です。ノルウェー、スウェーデン、フィンランド、デンマーク等、北ヨーロッパ諸国で1問出題されるとしたら、ノルウェーEU非加盟の知識は、ほぼ必ず訊かれます。

エラリ

「エ」＝エストニア
「ラ」＝ラトビア
「リ」＝リトアニア

　バルト三国の覚え方です。

　五十音順に北から南へ、あいうえお、らりるれろ、です。

　エストニアはウラル系で、アジア方面の血も入っています。プロテスタントです。

　ラトビアはバルト系で、プロテスタントです。

　リトアニアもバルト系で、カトリックです。杉原千畝がユダヤ人に通過ビザを出したことでも知られています。

左手にパイ、右手にバーガーを食べる

「パイ」＝パキスタンがインダス川流域でインド亜大陸の左
「バーガー」＝バングラデシュがガンジス川流域インド亜大陸の右

　インダス川流域がパキスタンです。四大文明のインダス文明です。ガンジス川流域はバングラデシュです。昔は西パキスタン、東パキスタンと一つの国でした。アメリカ合衆国のアラスカ州のようなものです。後に、バングラデシュが分離独立しました。パキスタン、バングラデシュともにイスラム教です。

　インドはヒンズー教です。スリランカは仏教です。インドとパキスタンはカシミールを巡り深刻に対立しています。スリランカはシンハラ人（仏教徒）が多数派で、タミル人（ヒンズー教徒）が少数派です。「シ」ンハラが「多」数派で、「タ」ミルが「し」ょう数派とあべこべな関係です。

　また、「パキスタンの『゜』を書くと、手は右から左に動く→パキスタンは左側」「バングラデシュの『゛』を書くと、手は左から右に動く→バングラデシュは右側」と覚えてもよいでしょう。

北方領土 教養

エクシハ

「エ」＝択捉島（えとろふ）
「ク」＝国後島（くなしり）
「シ」＝色丹島（しこたん）
「ハ」＝歯舞群島（はぼまい）

　北方領土の4つの島の覚え方です。

　五十音順で、北から南へ、あと面積の大きい順から小さい順に、あいう「え」お、かき「く」けこ、さ「し」すせそ、「は」ひふへほ、の順です。

　択捉島が一番北で、面積が一番大きい、国後島、色丹島ときて、歯舞群島が一番南で、面積も一番小さいです。

　1956年、鳩山内閣の下、日ソ共同宣言が結ばれました。この結果、日ソ平和条約を締結した暁には、色丹島と歯舞群島を日本に引き渡すという合意がなされました。

　戦後日本は一貫して北方領土4島の一括返還を要求してきました。

　ただ、最近は事態が流動的なので、時事でしっかりフォローしましょう。

　2島返還というと、4島の半分なので合理的と思われるかもしれません。しかし、択捉と国後で北方領土の面積の93％です。チャーシュー麺を頼んだら、メンマ（＝色丹）とネギ（＝歯舞）しかないという状態です。チャーシュー（＝択捉）と麺（＝国後）は返ってこないのです。

試験勉強で俗に言われる「過去問」。
その重要性を、３つの視点で、私なりに説明します。

まず、解く側の視点です。合格者というのは、過去問に載っている知識は完全に知っています。同じことを逆に言うと、過去問をこなしたからこそ合格したとなります。ということは、本試験で過去問に関連する知識が出題された場合、その問題を落とすと、ものすごく差がつくということになります。

大体過去問関連問題は正答率70％を超えてくるだろうから、この失敗を埋め合わせるためには、正答率50％以下の問題で正解を出すという「大ファインプレー」が必要とされます。「大ファインプレー」も過去問関連問題も「１点は１点」なのだから、過去問関連問題を落とすのは効率が悪いとも言えます。だからやはり過去問を落とすと差がつきます。

次に、出す側の視点です。みなさんは普段は問題を解いてばっかりです。しかし、出す側の視点に立てば試験の違った側面が見えてきます。過去問も出す側の視点で見ると、毎年毎年同じ傾向の問題が相も変わらず出題されます。時には出題の傾向が変わる科目もありますが、出題の傾向が変わりやすい科目は過去問を検討すればわかるので、傾向の変化はある意味「予想の範囲内」です（例：経営学、文学芸術等）。

問題の傾向が固定されがちな理由は、問題を作る人間も組織の人間なので、「先輩の顔には泥を塗れない」というものが挙げられます。傾向をガラっと変えるのは、「先輩の問題は間違っていました」と言わんばかりの行為です。組織の人間は先輩には弱い。

それに過去問は時を経て実績を出してきたという側面も見逃せません。組織の人間は粗相を嫌います。新問題を出して冒険した結果粗相になって、責任を取るのは他ならぬ自分自身です。

　組織の人間は、前例のない問題をなかなか出せません。そういったことから、過去問の傾向は変わりにくいと言えます。

　最後に学者の視点です。過去問はやっぱり各科目の「メジャー」な、口語で言えば「ベタベタ」な論点ばかり訊いています。試験委員の大学の先生の関心が出題されやすいという側面は否定できないものの、学者の目から見ても、公務員としての「常識」を身につけるべく、その科目・学問分野の「王道」の論点が出やすいです。

　思想で言えば、西洋思想のメジャーどころが頻出で、イスラム神秘思想とか、インドの深遠な哲学思想とかいうのは非常に出にくいです。

　ということで、過去問はやっぱり固定されがちな論点を毎年訊いてくることになります。

　過去問は繰り返すのです。
　過去問は落とすと差がつくし、繰り返し出るし、内容も常識的だから、出るのです。

　以上３つの視点から過去問の重要性を指摘しました。
　相手の立場（試験問題では出題者側）に立つのも一つの力です。
　自己の客観視です。
　面接試験に強いのは、自分自身を客観的に見られる人です。

人文科学 − 思想

思想は多くて1問出題です。まれに2問以上出るかもしれないので、自分の受ける試験の傾向を確認してください。

ほぼ西洋思想史に決め打ちしたいのですが、そこそこ中国思想、日本思想も出てきます。語呂合わせや過去問等で虫食い状態でも構いません。

思想は理由の理由を考える科目です。「自由が大事」だとして、「なぜ自由が大事か」と一段突っ込むのです。

思想は天才達が作った道のりです。かつての天才の思想を後世の天才が否定して、新しい思想を作るのです。

試験的には、とにかく人名とキーワードがわかれば、いっちょ上がりです。ポケモンを覚えるノリで、勉強しましょう。

万物の材料、そんなもん、アルケー

「アルケー」＝万物の根源

　ギリシャ哲学は大きく４つの流派に分かれます。

　まずは、自然哲学者。万物の根源（アルケー）は何か、を探ります。世界は何からできているかを考察します。理系的で自然に着目します。万物の根源なんて、あるけー、と覚えてください。アルケーが水だと言ったのが自然哲学の祖、水が垂れるのタレスです。

　次がソフィスト（弁論術の講師）。真理は存在するか、に着目します。時のギリシャは民主主義で弁論に巧みな者の意見が通ります。人々は弁論術を学びます。ソフィストは真理は相対的だと考えます。プロタゴラスの「人間は万物の尺度である」（人によって意見が違うのは当然）という言葉が有名です。

　そして、三大哲学者。ソフィストは自分たちの相対主義を絶対的に信じているという矛盾にある、とソクラテスは鋭く指摘します。三大哲学者はこの次の語呂合わせです。時のギリシャは衆愚制です。

　最後がヘレニズム期。世界帝国が成立し、ギリシャは安穏な時代になります。人間は身体的、経済的に恵まれると、幸せ探しをする傾向があります。ヘレニズム期では、幸せ探し＝心の平安について考察します。エピクロスとゼノンについて、この後取り上げます。

水が垂れるのタレスさん

ギリシャ三大哲学者 教養

ソフィア

「ソ」＝ソクラテス
「フ」＝プラトン
「ア」＝アリストテレス

　ギリシャ語で「智」を意味するのが「ソフィア」。日本語でも馴染みがあります。

　ちなみに、上智大学はソフィア・ユニバーシティです。

　このソフィアで、ソクラテス（大師匠）→プラトン（師匠）→アリストテレス（弟子）の流れが覚えられます。

　ソクラテスは無知の知です。自分の至らなさを知っている分だけ、自分の至らなさも知らない他者より優れている、というものです。深いです。

　プラトンはイデアです。英語のideaですが、カタカナにするといっぺんに難しくなります。目に見える世界の他に、目に見えない世界はありますか、というのがプラトンのイデア論（二元論）です。目に見えない世界＝イデア界＝理想界です。

　その弟子のアリストテレスは、プラトンを否定します。世界は、目に見える世界だけだとします。エイドス論といいます。エイドス（形相）です。形がええど、と覚えます。もう一つ、アリストテレスの有名なセリフで、「人間はポリス的動物である」というものがあります。覚え方は、広瀬「アリス」「動物」好き、と覚えてください。

アタラクシア　　エピクロス

アパティア　　　ゼノン

　古代ギリシャ哲学のヘレニズム期の2人のキーワードの覚え方のテクニックです。

　覚え方は、アタラクシアとエピクロスと、「ク」が共通するというのが、覚え方の一つでしょう。

　あとはアパティアの「゜」とエピクロスの「゜」が、たすきがけになると覚えてもいいでしょう。「『゜』と『゜』はくっつかない」と覚えましょう。

　あとは、アタラクシア＝6文字、エピクロス＝5文字、長い。アパティア＝5文字、ゼノン＝3文字、短い。という何となくの脱力系の覚え方でも、最悪何とかなります。

　アパティアはパトス（情欲）から遠い状態という意味です。アパティアは不動心です。

　ゼノンの「ン」、禁欲主義の「ん」。エピクロスは快楽主義です。

デカい大陸で、ベーコンを食べた経験があり

「デカ」＝デカルト
「大陸」＝大陸合理論
「ベーコン」＝ベーコン
「経験」＝イギリス経験論

　デカルトが大陸合理論で、ベーコンがイギリス経験論です。
まず、それぞれの代表選手を覚えましょう。

デカライス（ご飯大盛り）

「デカ」＝デカルト
「ライ」＝ライプニッツ
「ス」＝スピノザ

　ヨーロッパ近代の一大潮流、大陸合理論の覚え方です。もう一つはイギリス経験論です。

　大陸は歴史の流れは取ったり取られたりと劇的で、背後のルールが推測しにくいので、理性で以てあるべき基準を設けようという考えが出てきます。フランス人権宣言も「あるべき」基準を言ったものです。

　公式が具体的な数値を見いだすように、理詰めで世の中説明できるという考え方です。

　学問で言えば、数学・物理です。

　デカルトはフランス人、ライプニッツのツはドイツの「ツ」、スピノザのザの「゛」は、オランダのダの「゛」です。

　大陸合理論と言えば、演繹法です。一般的なルールから具体的な事実を説明します。三平方の定理（一般的なルール・公式）から、一辺が3センチ、もう一辺が4センチの直角三角形があったら、残りは5センチに決まるというものです。

ベーゴマ、ひもでロックする

「ベーゴマ」＝フランシス・ベーコン
（フランシスだけどフランス人じゃなくてイギリス人）
「ひも」＝ヒューム
「ロック」＝ロック

　ヨーロッパ近代のもう一つの潮流、イギリス経験論です。

　イギリスは島国で、歴史の流れがまったりしているので、似たような個別の事件を積み上げれば背後のルールが見えてきます。一つひとつの事件をデータ・経験として、蓄積していってたたき上げで世の中の真理はジワジワわかってくるという考えを取ります。

　コモンロー（不文法）も、具体的な判例を積み上げて一般的なルールを把握しようというものです。

　イギリスには成文の憲法典がありません（不文憲法）。

　学問で言えば、帰納法です。具体例をいっぱい考えて、そこから一般的なルールを導き出すというものです。例えば、40人のクラスであさがおの種を蒔いて、3人の子が6日目に芽を出して、35人の子が7日目に芽を出して、2人の子が8日目に芽を出したとすると、このいっぱいの具体例から、あさがおは7日で芽を出すという一般的なルールを見つけます。

カントの「カン」は観念論の「観」
ヘーゲルの「ヘ」は弁証法の「ベ」

　近代初期はイギリス経験論と大陸合理論が鋭く対立しますが、ドイツ観念論がこの対立を統合します。カントの「カン」、観念論の「観」、ヘーゲルの「ヘ」、弁証法の「ベ」と覚えましょう。

　思想の近代はデカルトに始まり、ヘーゲルに終わります。

　公務員試験ではドイツ観念論はカントとヘーゲルの2人がわかればよいでしょう。カントが先でヘーゲルは後です。

功利主義 教養

氷を見ると寒い

「氷」＝功利主義
「見る」＝J.S.ミル
「寒い」＝ベンサム

　19世紀のイギリスの功利主義です。19世紀のイギリスは政治的には議会制民主主義（代議制）の確立、経済的には産業革命の達成で、政経とも非常に恵まれた時代です。

　そこで、ギリシャのヘレニズム期のように、幸せ探し＝功利＝happyってどういうことだろうか、を考えます。

　まず、ベンサムは幸せは合計できると考えます。いわゆる最大多数の最大幸福です。こんなことができるのも、サラリーマンも老人も子供も彼女も、皆の幸せが合計できるからです。ベンサムの「サム」は英語のsum（合計）と考えたら、覚えられると思います。

いわゆる量的功利主義です。

　一方、J.S.ミルは違うと考えます。幸せは合計できない。人の幸せは一人ひとりによって、質的に違うと考えます。「満足な豚であるより、不満足な人間である方がよく、満足な愚者より不満足なソクラテスである方がよい」というセリフを残します。ベンサムだと、人間より豚がよく、ソクラテスより愚者がよいと言うはずです。ミルは質的功利主義です。

プラグマティズム　教養

プラグマティズム

「プ」＝パース
「グ」＝ジェームズ
「ティ」＝デューイ

　強引な語呂合わせですが、プラグマティズムの「プ」がパース、「グ」がジェームズ、「ティ」がデューイです。

　19世紀アメリカの役に立つことがよいことだという、実用重視の哲学です。

　パースはプラグマティズムの創始者です。

　デューイのD。道具主義のDです。デューイは知性は道具だと割り切ります。

神様はスキヤキ好き

「ス」「ヤ」＝ヤスパース
「キ」＝キルケゴール

　ヘーゲルによって、近代哲学は完成します。現代の哲学者はどういう視点で突っ込んでいくのでしょうか？。

　一つは「全員共通の真実なんてない、真実は一人ひとり（＝実存）によって違う」と突っ込んだのが、いわゆる実存主義者です。濃くてかつ多様なメンツなのですが、共通認識は実存の重視です。

　この実存主義者は、この世に神があるかないか、有神論的と無神論的に分かれます。

　有神論的は、スキヤキの「ス」「キ」「ヤ」が含まれている、キルケゴールとヤスパースです。キリスト教に親和的な考え方です。信仰に救いを求めます。キルケゴールはデンマーク、ヤスパースはドイツです。ヤスパースは奥さんがユダヤ人でナチスに迫害されます。

　キルケゴールのキーワードは「絶望」。ゴールが決まらなくて絶望、と覚えてください。

　ヤスパースのキーワードは「限界」。「『けんか』っぱや『い』ヤスパース」と覚えてください。

野球、サッカー、NHK

「野」＝ヤスパース
「サ」＝サルトル
「N」＝ニーチェ
「H」＝ハイデガー
「K」＝キルケゴール

　実存主義5人の覚え方です。

　キルケゴールがデンマーク、サルトルがフランス、ニーチェ、ヤスパース、ハイデガーの3人がドイツです。ニーチェはナチスに中立としか言いようがありませんが、ヤスパースはナチスに迫害され、ハイデガーはナチスを支持します。ナチスにハイと言うハイデガー、と覚えましょう。

　ハイデガーの著書は『存在と時間』、サルトルの著書は『存在と無』です。ややこしそうですが、ハイデガーの「゛」、時間（じかん）の「゛」がつながる。サルトル→「゛」がない、無→「゛」がない、と覚えれば選択肢は絞れると思います。

5人に減少すれば、フットサル

「減少」＝現象学
「フットサル」＝フッサール

　11人ならサッカー。5人ならフットサル。
「現象学のフッサール」と覚えてください。詳しく書けばわかる、というのが現象学のかいつまんだ説明です。実存主義に影響を与えます。

講師が模試の準備をする

「講師」＝孔子
「模試」＝孟子
「準備」＝荀子

　中国の儒教、儒家の覚え方です。
　これは順番が大事な語呂合わせです。孔子が一番古く、二番が孟子、三番が荀子です。孔子が大師匠、孟子が師匠、荀子が弟子です。
　いわゆる「論語」に対話・言行録があるのが孔子。漢文の授業でも勉強されたと思います。
　孟子は性善説、仁義に基づく王道政治です。
　荀子は性悪説、礼を以て民を矯正する礼治主義を唱えます。韓非子の法家とつながっていきます。儒家は墨家、道家は法家につながるのですが、荀子→韓非子は儒家から法家へと斜めにつながるので、注意です。

鎌倉仏教の覚え方 教養

1 浄土系 他力（他人も助けよう）・庶民
  浄土宗・法然 浄土真宗・親鸞
  （浄土真宗の「真」、親鸞の「親」）
2 日蓮宗 日蓮（名前と宗の名前がそのまま）
3 禅宗系 自力（祈った人が救われる）・武士
  臨済宗・栄西（**臨済宗の「済」、栄西の「西」**）
  曹洞宗・道元（**曹洞宗の「洞」、道元の「道」**）

　鎌倉仏教の覚え方です。こちらは語呂合わせというより覚え方の
テクニックです。

　それまでの仏教が、奈良仏教の鎮護仏教（国家のための仏教）は
助かるためには勉強しろ、平安仏教の密教（答えは秘密）は助かる
ためには修行しろ、といった一般人にはハードルが高かったものが、
鎌倉仏教で助かるためのハードルが低くなります。

　浄土系はお念仏を唱えろ（南無阿弥陀仏）、禅宗も坐禅を組めば
いいと、お手軽に助かるようになります。

　鎌倉時代に仏教が広がったもう一つの背景は、戦乱の世の中で殺
伐とした社会の雰囲気に、人々が仏教に救いを求めたという側面も
あります。

「臨済宗（りん「ざ」いしゅう）は幕府（「ば」くふ）の保護を受
けた」→「ざ」と「ば」で「゛」でつながって**相性がいい**と覚えま
しょう。

学校で仁義とお辞儀を習う

「学」＝山鹿素行
「校」＝古学
「仁」＝伊藤仁斎
「義」＝古義学
「お」＝荻生徂徠
「辞」＝古文辞学

　江戸時代の古学者の覚え方です。

　古学者は、孔子・孟子の原典を直接勉強します。

　朱子学派が朱子のレジュメ、陽明学派が王陽明のレジュメで勉強するのではなく、レジュメ否定、原典に直接あたります。

　やや強引な語呂合わせですが、人名と学派名を一網打尽に答えることができるので、ぜひ覚えてみてください。

人文科学－文学芸術

文学芸術は多くて1問出題です。思想同様、2問
出題される可能性もあるので、自分の受験する試
験をフォローしておいてください。

文学芸術はTVでよく見るクイズ番組のクイズだ
と思ってください。

出題範囲も、問題作成者の趣味・個性が如実に反
映されます。

文学芸術も事前予測は極めて困難です。

過去問だけ目を通していて、本試験では期待しな
いというスタンスが一番無難だと思います。ゆめ
ゆめ深入りしないように。

対策としては、自分の好きな作家とか作曲家とか
画家とかが、テキストに載っていたら、そこだけ
覚えるというので、十分でしょう。

問題作成者の趣味には、自分の趣味で対抗です。
趣味には趣味です。

せい「しょう」なごん　　ていし
むらさきしきぶ　　　「しょう」し

ここもたすきがけにして覚えておけばよいでしょう。

つよし君健康

「つ」＝徒然草
「よし」「健康」＝吉田兼好

放火したら明るい

「放」＝方丈記
「火」「明」＝鴨長明

　放火したら明るい、は抵抗があるかもしれませんが、徒然草と方丈記はややこしいのでこのような形で覚える方法もあります。

自然主義文学 教養

硬い蒲団

「硬い」＝田山花袋（かたい、と読む）
「蒲団」＝代表作

　日本の自然主義文学の代表なのでしっかりマスターしておきましょう。

高踏派、余裕派 教養

夏の森はさわやか

「夏」＝夏目漱石
「森」＝森鷗外
「さわやか」＝高踏、余裕

　夏目漱石と森鷗外は、人間のありのままを描写する自然主義には
同調せず、傍観者のような立場で独自の姿勢に立ったことから高踏
派、広い視点から余裕を持って対象をとらえたことから余裕派と評
されます。

セキュリティ物騒、午後フォーマル

「セ」＝セザンヌ
「キュ」＝キュービズム
「リティ」＝立体
「物」＝ブラック
「騒」＝ピカソ
「午」＝ゴーギャン
「後」＝ゴッホ
「フォー」＝フォーヴィズム
「マ」＝マティス
「ル」＝ルオー

　後期印象主義とキュービズム、フォーヴィズムの関係です。

　セザンヌとゴーギャン、ゴッホが後期印象主義で、セザンヌがキュービズムとつながり、ゴーギャン、ゴッホがフォーヴィズムにつながる、このセットを語呂合わせで覚えられるようにしました。

　過去問でも出題例があります。

　セザンヌは「形」で影響を与えていて、ブラックとピカソがキュービズム（ルービック・キューブのキューブ〈立体〉）に位置づけられます。

　ゴーギャンとゴッホは「色」で影響を与えていて、マティスとルオーがフォーヴィズムに位置づけられます。フォーヴィズムはフォーヴ（野獣）の意味です。色使いが野獣のように荒々しかったということです。

単元別・語呂合わせ

人文科学－時事

時事は毎日の積み重ねです。

人文科学の章立てに入れましたが、社会科学にも通じます。

時事対策の理想は新聞を読むことです。ただ敷居が高いと思うので、TVのニュース、ネットのサイトでも構いません。

1日の生活の中で、ニュースに触れる時間を作りましょう。

お勧めは、スマホにradiko（民放）、らじるらじる（NHK）をインストールして、ラジオのニュース番組を聴取することです。

両アプリともタイムフリーなので、夜のニュースを朝に聴く等、自由自在にできます。AMのNHK（第一）の夜10時からのニュースがわかりやすいです。1時間弱くらいで、その日の重要ニュースが頭に入ります。語学の番組を聴けば、英語の対策にもなると思います。

さんじゅう、じゅうさん、×2

政府の CO_2 削減目標、2030年で2013年比−26％。

2015年のパリ協定は、先進国が削減義務を負い罰則があった1997年の京都議定書とは違い、全ての国が削減目標を持ち寄るという仕組みになっています。

日本の目標として挙げた数字が、2030年に2013年比で−26％というものです。

覚え方は「30（さんじゅう）」をとりあえず覚えて、これを「じゅうさん（13）」とひっくり返しましょう。これが2013年です。この13が出てきたら、2を掛ければ26の数字が出てきます。

30→13→26の順で思い出せれば、「2030年に2013年比で−26％」とあてはめることができるでしょう。

スンニ（スンナ）派とシーア派 教養

スンナり信じるから多数派、シーア派のシ、少数派のシ、ペルシャのシ

スンニ派＝イスラム教の多数派
シーア派＝少数派　イラン（＝ペルシャ民族）に多い

※イラクとスンニ派とシーア派

Ｑ１．イラクではスンニ派とシーア派と、どちらが多数派か？

Ａ１．イラクはアラブ人の国であるが、シーア派がイラク国内では多数派である。

Ｑ２．サダム・フセインは、スンニ派かシーア派か？

Ａ２．スンニ派である（少数派であるからこそ、多数派に対して団結できたのです）。

　1979年にイランで革命が起こりシーア派の士気が上がります。国内に多数のシーア派を抱えるイラクのフセイン政権は、このままでは革命がイラクにも飛び火すると考えました。その結果起こったのが、イランイラク戦争でした。

　イランとアメリカは、テヘランのアメリカ大使館占拠事件等があって犬猿の仲でした。アメリカはイラクのフセインを支援します。敵の敵は味方の理屈です。

　2003年のイラク戦争でフセインは打倒されましたが、イスラム国の台頭等、イラクになかなか平穏な日々が訪れません。一つは、スンニ派とシーア派の深刻な宗派対立が理由です。

中東総まとめ

①中東の三民族

民族	言葉	国家	宗教
アラブ	アラビア語 （アラビア文字）	バラバラ	イスラム （スンニ派）
ペルシャ	ペルシャ語 （アラビア文字）	イラン	イスラム （シーア派）
トルコ	トルコ語 （アルファベット）	トルコ	イスラム （スンニ派）
ユダヤ	ヘブライ語	イスラエル	ユダヤ教
クルド	クルド語	国家なし	イスラム

　ペルシャ民族はイランという一つの国を持っています。トルコ民族も同じく、トルコという一つの国です。アラブ民族はバラバラの国家になっていると知っておきましょう。

　チェチェン人問題は中東の問題ではなく、ロシアの問題であることも知っておきましょう。チェチェン人とクルド人をたすきがけにした出題が見られます。

　中東の民族は言葉で決まると考えると、わかりやすいです。

　アラビア語（セムハム語族）をしゃべるアラブ民族、ペルシャ語（インドヨーロッパ語族）をしゃべるペルシャ民族、トルコ語（ウラルアルタイ語族）をしゃべるトルコ民族という具合です。

　イスラエルは独特で、宗教（ユダヤ教）が全面に出ます。言葉はヘブライ語でアラビア語と同じセムハム語族です。

②一神教の関係

	ユダヤ	キリスト	イスラム
神＝唯一神	エホバ・ヤーヴェ	ゴッド	アラー
地域	イスラエル、ユダヤ人	欧米、中南米等	中近東、東南アジア等
啓典と預言者 旧約聖書とモーゼ	○（信じる）	○	○
啓典と預言者 新約聖書とキリスト	×（信じない）	○	○
啓典と預言者 コーランとムハンマド	×	×	◎（別格と考える）

　ユダヤ教、キリスト教、イスラム教は、唯一神を信じるという意味で、同じ一神教徒です。「アラーの神」や「ゴッド」等は、誤解されている方が多いですが、これらは同じ「神」なのです。

　では、この3つの宗教はどこが違うのでしょうか。

　一つは、啓典（神と人間の契約）と預言者（神から言葉を預かった者）をどこまで信じるかの違いです。ユダヤ教徒は旧約聖書とモーゼ等の預言者を信じます。キリスト教徒もイスラム教徒も、旧約聖書は否定しません。キリスト以降の神との約束である新約聖書は、キリスト教徒とイスラム教徒は信じます。ユダヤ教徒は信じません。

　イスラム教徒にとって、コーランとムハンマドは別格です。私のアラビア語の先生は、「キリスト教徒は小学校で、イスラム教徒は大学だ」と言っていました。

　キリスト教徒にとってキリストは神の子ですが、神の唯一性を重んじるイスラム教徒は神の子を認めません。イスラム教徒にとって、キリストもムハンマドも同じ人間です。コーランには「神には子もなく、親もなく」とあるように、神には子はないのです。

③湾岸戦争とイラク戦争

	湾岸戦争（1991年）	イラク戦争（2003年）
原因	イラクのクウェート侵攻により発生 （×フセイン打倒）	大量破壊兵器保有、イラクの民主化のため（＝フセイン打倒）発生
交戦国	対多国籍軍	対英米軍
安保理決議	安保理決議により攻撃	安保理決議を無視し攻撃
自衛隊派遣の有無	自衛隊のイラク派遣なし （戦後、ペルシャ湾に掃海艇派遣）	自衛隊はイラクに行っている

　湾岸戦争は、イラクのクウェート侵攻という明白な「違法行為」により発生しました。イラクを弁護できる弁護人はいません。国際社会は国連安保理で協議して、多国籍軍を結成します。アラブ諸国等もこの多国籍軍に参加しました。日本は130億ドルの資金援助だけに留まり、「金だけ出して人は出さない」と国際社会に批判されました。1992年宮沢内閣でPKO協力法が成立し、初めて自衛隊がカンボジアPKOに参加しました。

　湾岸戦争は、集団安全保障方式の典型です。イラクの違法行為を国際社会が多国籍軍という形で是正したのです。イラクはクウェートから撤退しましたが、フセイン政権は存続します。

　お父さんのブッシュ大統領の仇討ちで息子のブッシュ大統領がイラク戦争をします。しかし、この時はイラクの明白な違法行為は存在しません。イラクが大量破壊兵器（主に核兵器）を持っているという疑惑だけです。アメリカはイラクの武器所有の証拠を今日まで提示していません。

　国際社会もアメリカに対して懐疑的でしたが、ブッシュ大統領はイギリスとともに開戦に踏み切りました。イラク戦争は英米軍です。

　自衛隊はイラク特措法に基づき、2003年12月のイラク戦争初期からイラクに派遣されています。

④ヨーロッパの民族

民族	場所	宗教
アングロサクソン	英米	プロテスタント
ゲルマン	ドイツ、オーストリア	プロテスタント
ラテン	伊西、ルーマニア（ルーマニア正教）	カトリック
スラブ	露、セルビア、ブルガリア	ギリシャ正教

　ルーマニアの正式名称はROMANIAなので、ローマ人つまりラテンの血を引く東欧の国なのである。

　アングロサクソン民族は英語をしゃべる人たちと考えれば、大体間違いはないでしょう。英米にいて、プロテスタント（新教）が多いです。アメリカの多数派はWASP（＝White Anglo-Saxon Protestant）です。
　同様にゲルマン民族はドイツ語をしゃべる人たちと考えればいいです。
　ドイツ、オーストリアが主です。ゲルマン民族もプロテスタントが多いです。
　ラテン民族は、ラテン系の言語を話す人たちです。イタリアやスペイン等、南ヨーロッパに多いです。ルーマニアは東ヨーロッパですが、民族の血はラテンです。スラブではありません。ラテン民族はカトリック（旧教）が多いです。ルーマニアはルーマニア正教です。
　スラブ民族は東ヨーロッパの人たちです。ロシアやセルビア、ブルガリア等に居住します。宗教は東ローマ帝国の伝統を継承するギリシャ正教です。

人権に関する主要な宣言について

（＝王様の恣意的な権力行使を防ぐという内容の国民との間の約束
を明文化したもの）

　↓

下２ケタ「89」に注意

589　隋統一
　　　公約果たして隋統一
　　　^5^8^9

1215　マグナカルタ
　　　ひとついうこときく国王ジョン
　　　１２１５

1689　権利章典（英名誉革命の結果）
　　　広場は歓声、名誉革命
　　　１６８８

　　　cf. ネルチンスク条約
　　　ロシアと約束
　　　６　　　８９

　　　　　中国（清）が初めて外国（ロシア、ピョートル大帝）と対等な立
　　　　　場で条約を結んだ。

1776　アメリカ独立宣言
　　　いななきロックでアメリカ独立
　　　１７７６

1789　仏人権宣言（フランス革命の結果）
　　　火縄くすぶる、バスティーユ
　　　１７８９

1889　大日本帝国憲法発布
　　　アジアーはやく、明治憲法
　　　１８８９

1989　冷戦終了（マルタ会談、「ヤルタからマルタへ」）
　　　　　天安門事件、ベルリンの壁崩壊、東欧革命、ソ連アフガニスタン
　　　　　から撤退、ルーマニアのチャウシェスク政権崩壊

社会科学 － 憲法

教養・専門を問わず、公務員試験の憲法で合格点を取りたいのなら、条文問題で失点してはいけません。では、条文問題で失点しないためには、どうすればいいか。それは3年生の正月を迎えたら、1日1回憲法の条文を前文から99条まで音読してください。20分くらいかかりますが、必ずです。みなさんは日本国の公務員になるのです。憲法の条文を知らない公務員なんてありえません。これは、納税者＝一般国民の本音です。

この本の語呂合わせで覚えてもいいですが、みなさんは王道の条文の習得に努めてください。

条文とともに重要なのが、違憲判決です。違憲判決の事案（どういう事件だったか）、判旨（判例が言っていること）は完全に覚えなければなりません。

研究の発表は今日中

「研究」＝学問研究の自由
「発表」＝研究発表の自由
「今日中」＝教授の自由

　単純な語呂合わせですが、学問の自由の中身は何かというのはよく出ます。

子どもは学食で過酷なバイトして、社会を知れ

「子」＝公務員選定罷免権
「ど」＝奴隷的拘束および苦役からの自由
「学」＝学問の自由
「食」＝職業選択の自由
「過」「酷」＝海外渡航・国籍選択の自由
「バイ」＝国または地方公共団体に対する賠償請求権
「し」＝思想および良心の自由
「社会」＝社会権
　　　　　（生存権、教育を受ける権利、勤労の権利、労働基本権）

　日本国憲法で新たに保障された人権です。明治憲法にはなかった人権です。
　明治憲法下では公務員を選べません。明治憲法下では、奴隷的拘

束はされました。学問の自由も戦後です。戦前は例えば天皇機関説が問題視されたように、自由に学問を展開することができませんでした。経済的自由も、居住移転の自由は明治憲法下でも認められていましたが、それ以外の職業選択、海外渡航、国籍離脱の自由は認められませんでした。財産権は明治憲法下もありました。

　天皇に間違いはないので、天皇に仕える公務員も間違いはありません。国や地方公共団体に対する賠償責任追及も、明治憲法下では認められません。国に賠償責任を認めるということは、天皇が間違ったことになるからです。

　思想および良心の自由も、日本国憲法独特です。明治憲法下では、治安維持法等で内心の自由自体が侵害されていたので、諸外国にあまり例のない、思想および良心の自由の規定が置かれました。

　明治憲法は19世紀の憲法なので、20世紀型人権である社会権は、当然規定されていません。

外国人に認められない権利 教養・専門

ルパン三世入社禁止

「三世」＝参政権
「入」＝入国の自由
「社」＝社会権

　現代の日本国憲法において、人権に理由はありません。人間だから人権はあるのです。犬猫ではないのです。では「日本国」憲法において、日本国民のみに人権は保障されているのでしょうか？　私たちはそういう立場は取りません。みんな人間、人類皆兄弟、外国人にも人権を認めています。ただ、中には外国人に認められない人権もあります。

そこで、この語呂合わせなのですが、「どんな会社やねん？」。

ルパン三世が新入社員だと、会社の物を盗みまくるので、入社を禁止したのでしょう。

強引な感じの語呂ですが、この語呂合わせは、外国人に認められていない基本的人権の語呂合わせです。

ルパンが外国人、禁止は認められていない、と読み替えてください。

政治に参加する権利は、外国人には認められません。日本の政治ではなく、自分の国の政治に参加しなさい、という理屈です。ここでは原則論に留めます。

入国の自由も外国人にはありません。これは、イスラム国のテロリストに入国の自由を認めますか？　という話です。もちろん、そんなものはないです。日本は主権国家として、テロリストの入国を堂々と拒むことができます。

社会権は微妙で、これが外国人に認められないのは、財源である納税を外国人は（殆ど）行っていないからです。社会権は財源を国民にサービスする権利です。社会権を享受するためには、納税は不可欠です。外国人のただ乗り（フリーライダー）はいけません。ただし、労働基本権（労働三権）は労働者に国籍は関係ないので、外国人にも認められます。細かいですが、これだけ注意です。

社会権 教養

労働者は教育を受けて、勤労せい

「労働」＝労働基本権（28条）

「者」＝社会権

「教育を受け」＝教育を受ける権利（26条）

「勤労」＝勤労権（27条）

「せい」＝生存権（25条）

社会権は4つなので、何か性格の違うもう一つの人権を持ってきて、仲間外れはどれかと訊いてくる問題が想定されます。

　社会権は、1919年ドイツワイマール憲法で最初に認められた人類の発明です。背景は1917年のロシア革命による社会主義の成立です。資本主義側は、社会主義は伝染する、ウイルスに感染してしまうと考えました。社会権は資本主義側の社会主義ウイルスに対する予防接種、ワクチンです。資本主義という体制を維持したまま、弱者たる労働者に社会権を認めたのです。

　社会権は20世紀型人権、現代の人権であり、自由権、近代の人権と区別されます。近代の一つ手前絶対王政の下、強大な国家権力によって国王は国民の自由をめちゃくちゃにしていました。自由権は近代市民社会が自分たちの自由を守るために、国家権力に対して「〜するな（不作為）」を求める権利です。「国家は邪魔するな」「あっち行け」「民間に任せろ」。経済で言うレッセフェール（自由放任）、神の見えざる手による市場均衡、市場万能です。

　しかし、その結果貧富の格差が広がります。1割の資本家が9割の富を手にし、9割の労働者が1割の富しか手にしないという、格差社会です。そして無法図な資本主義になり、帝国主義、ブラック企業の世の中になります。結局資本主義は、1929年の世界大恐慌（ひどくふくらむ大恐慌と覚える）を止められません。

　では、この格差を誰が是正するか？　国家しかありません。近代の下一度縮小した国家権力はもう1回拡大します。この裏付けとして、国民が国家に「〜せよ（作為）」を求める権利、社会権を人類は発明します。「国家は国民に年金を支給せよ、医療サービスをせよ、教育をせよ、福祉を充実しなさい」。社会権によって国家が格差を是正します。

刑事裁判で成敗

「刑事」＝刑事補償請求権（40条）
「裁判」＝裁判を受ける権利（32条）
「成」＝請願権（16条）
「敗」＝国家賠償請求権（17条）

　人権のうちの国務請求権（受益権）です。国家に対し作為（行為）を求めるという点では社会権と共通していますが、弱者救済という側面がないのが、社会権との違いです。

　国務請求権も４つあるので、何か性格の違う一つの人権を持ってきて、仲間外れはどれかという設問が、警察・消防や市役所だとあるでしょう。

　賠償は国家の違法行為によるダメージに対するつぐない、補償は国家の適法行為によるダメージに対するつぐないです。

　刑事補償の典型は、痴漢等によるえん罪です。実際には犯人ではなかったのに、逮捕の時点ではいかにも怪しくて身柄を拘束されたものの、裁判の時点で真実が発見され、逮捕は間違っていた、という事案です。この場合、真実は犯人でなかったとしても、それは事後的にわかったことであり、その時点でなされた逮捕は「適法」と評価するしかありません。これが「違法」になると、現場の警察官が逮捕に躊躇して、逮捕されるべき本当の犯罪者を逃がしてしまうという結果になるのです。

　逮捕された人は、身柄を拘束され（人身の自由の侵害）、収入も絶たれ（経済的自由の侵害）、犯罪者というレッテルを貼られます（精神的自由の侵害）。これらのダメージは、「適法」行為による逮捕によるので、「補償」によりつぐなうことになります。

良い婿、なろう

「良い」＝41条（国会）

「婿」＝65条（内閣）

「なろう」＝76条（裁判所）

　権力分立、三権分立の条文の覚え方です。論述試験で、三権分立（41条、65条、76条）と条文を挙げて書くと、印象がいいです。

国会の機能 教養・専門

国会に、立派な冗談はないよ

「立」＝立法権（41条）

「派」＝憲法改正の発議権（96条）

「冗」＝条約締結の承認権（61条、73条3号但書）

「談」＝弾劾裁判所設置権（64条）

「ない」＝内閣総理大臣の指名権（67条）

「よ」＝予算承認の議決権（86条）

　次の「議院の権能」と比較してください。

　国会は衆議院と参議院の「議院2つ」で国会です。議院の方は衆議院、参議院それぞれ単独でできます。

　ここの国会の権能は、衆議院と参議院が一致しなければいけません。ただし、国会の権能のうち例外的に、「立」と「冗」と「ない」と「よ」は衆議院が優越します。これも語呂合わせを後述します。

議院は、個性と資格が貴重

「個性」＝国政調査権（62条）
「資格」＝議院の資格争訟の裁判権（55条）
「貴」＝議院規則制定権（58条2項）
「重」＝議員の懲罰権（58条2項）

　衆議院、参議院単独でできるものです。
　この中では、国政調査権が議院の権能というのは、非常によく出ます。「国会に国政調査権がある」というひっかけの表現が本当によく出ます。
　資格と規則と懲罰は何となくわかると思います。これらがないと、議院として議員に示しがつきませんから。

予備の皇室の財産の決算をめぐりケンカ発生

「予備」＝予備費支出の承諾（87条2項）
「皇室の財産」＝皇室の財産授受についての議決（8条）
「決算」＝決算の審査（90条1項）
「ケンカ発」＝憲法改正の発議（96条1項）

　衆議院と参議院で違う内容の決議をした場合、どちらを優先させるかもよく覚えておきたいところです。優越の場合を覚えておけば足りるかと思いますが、対等の方も知っておくとより確実だと思います。

衆議院は譲歩しないよ

「譲」＝条約（61条）
「歩」＝法律（59条）
「ない」＝内閣総理大臣（67条）
「よ」＝予算（60条）

　衆議院の優越がある権限4つの語呂合わせです。この4つ以外は、衆議院・参議院対等と覚えてください。

　法律とその他3つの違いが頻出です。法律の場合は両院協議会が任意、その他3つは両院協議会は必要です。法律の場合は60日期間があるので、60日もあれば両院でコミュニケーションが取れるだろうから、わざわざ両院協議会を開く必要はなかろう、と立法担当者は考えたのでしょう。

　あとは期間です。法律は待って2ヶ月で60日。予算は、予算がなければ公務員の給料が止まってしまいます。給料なしで維持できる家計は、普通は1ヶ月（＝30日）ではないでしょうか。今月は我慢できるけど来月はもう限界だよというのが、公務員を含む普通の家計でしょう。予算の「さん」、30の「さん」です。

　条約も相手国があるので、30日です。

　内閣総理大臣が決まらないというのは、非常事態です。敵国にスキを見せることになります。これは10日で強引に決めてしまいます。

内閣に火事が押し寄せ

「火」＝官吏に関する事務の掌理（73条4号）

「事」＝条約の締結（3号）

「が」＝外交関係の処理（2号）

「お」＝恩赦（7号）

「し」＝法律を誠実に執行（1号）

「寄」＝予算作成（5号）

「せ」＝政令の制定（6号）

　内閣の権能の覚え方です。73条の各号です。

　教養試験的には恩赦（＝大赦、特赦、減刑、刑の執行の免除、復権）が、比較的よく出ます。元首にオフィシャルな出来事が起こった場合、それに応じて刑罰を少なくしようという制度です。今般元号が変わったので、ここ数年は狙われると思います。

　恩赦の決定は内閣で、恩赦の認証（＝お墨付きを与える）は天皇の国事行為です。

　これも、頻出の知識です。決定と認証は違います。

裁判所の手弁当、内緒

「手」＝訴訟に関する手続
「弁」＝弁護士
「内」＝裁判所の内部規律
「緒」＝司法事務処理に関する規則

　77条そのままです。裁判所の規則制定権です。国会中心立法の原則（国会「が」単独で法律を作る）の例外で、裁判所にも規則制定権があります。民事訴訟法、刑事訴訟法を勉強された方なら、民事訴訟規則、刑事訴訟規則を勉強されると思います。規則は裁判所が作るものです。

　ちなみに、国会単独立法の原則は、国会「で」単独で法律を作る原則でした。国会中心立法の原則で、国会だけが法律を作れるとして、国会だけで法律が作れますかというのが、国会単独立法の原則です。国会中心立法の原則が実体の問題で、国会単独立法の原則が手続の問題と言ってもいいでしょう。国会単独立法の原則の例外は、95条の一の地方公共団体のみに適用される特別法の住民投票です。

控訴と上告 教養

控訴（こうそ）（3文字）

上告（じょうこく）（5文字）

| 地裁→高裁→最高裁 | 地裁→高裁 | 控訴＝3文字（＝1＋2） |
| ① ② ③ | 高裁→最高裁 | 上告＝5文字（＝2＋3） |

　控訴と上告の紛らわしい言葉の覚え方です。

　日本の裁判は三審制で、3回裁判をするチャンスがあります。1回目から2回目に上がることを控訴といいます。地裁が1段目で高裁が2段目なので、1＋2＝3で、3文字の控訴です。2回目から3回目に上がることを上告といいます。高裁が2段目で最高裁が3段目なので、2＋3＝5で、5文字の上告です。細かい違いが民事と刑事であるのですが、公務員試験の特に教養試験においては、地裁、高裁、最高裁の3段階と、控訴が1回目に上がること、上告が2回目（最高裁）に上がることと考えておけば、間違いないでしょう。

　かきくけ「こ」→ざ「じ」ずぜぞと五十音順で覚えても構いません。

在外邦人が森で最高なお茶と個性的なヤギの郵便を尊ぶ

「在外邦人」＝在外邦人の選挙制度

「森」＝森林法

「最高」＝女性の再婚禁止期間（100日超過部分）

「茶」＝非嫡出子の相続分が嫡出子の半分だったのは違憲

「個性」＝国籍法違憲判決

「ヤ」＝薬事法

「ギ」＝議員定数（衆議院、2回）

「郵便」＝郵便法

「尊ぶ」＝尊属殺

　これは、歌の一節か何かみたいな感じで覚えてください。

　憲法施行以降、判決は膨大にありますが、法令違憲判決はたったこれだけです。これ以外はすべて合憲です。

　もう一つ、愛媛県が玉串料を公金から支出したのも違憲と判断したというのも覚えておいてください。

　語呂を「愛媛の最高なお茶」と変えてもいいでしょう。

合格へ向けて④「どうせみんなできない」

　本試験の問題には、「必ず」知らない知識、見たことのない人名、キーワードが出てきます。

　普段の勉強で過去問の知識が完全な方は、「これは私は知らない」と「正しく」判断することができます。「知らない」「わからない」というのも、一つの立派な判断なのです。

　過去問が頭に入っていれば、「これはおそらくみんなも知らないだろう」と冷静に判断できるはずです。

　過去問にない知識は、通常はみんなできないのです。

「どうせみんなできない」と冷静に判断できることが、極限状態の本試験では非常に大事になります。

「みんな」ができない、のであれば、「あなた」もできなくていいのです。

　そこでは差はつきません。避けなければならないのは、「みんな」ができる問題を「あなた」ができないことです。このマイナス１点を取り返すためには、「みんな」ができない問題を「あなた」が解くしかないのです。そういう無理に頼ってはいけません。

　普段の勉強でも無理していませんか。これも出そうだ、あれも出そうだ、全部覚えちゃえ、高校の時の教科書も見ちゃえ、解説も全部覚えちゃえ。そういうのは全部無駄です。過去問以外の知識はみんなできないのです。

　普段の勉強でも、「どうせみんなできない」という正しい割り切りが必要です。

　本試験でも訳のわからない人名を見て、慌てないこと。そういうのは、「どうせみんなできない」のです。

みんなできるかみんなできないか、の基準は「過去問」です。

　公務員試験の勉強は「過去問」に始まり、「過去問」に終わるのです。

　本試験では15分くらい、注意事項の読み上げで受験生を待たせることが多いです。

「次の中に必ず正しい選択肢があるので、マークシートに記入してください」等、儀礼的な読み上げで時間が過ぎていきます。その間、どうするか？

「どうせみんなできない」と問題文や受験票の余白に書いて、その文字を眺めてください。

　手を動かすことによって緊張を緩め、「どうせみんなできない」と手で書いた文字を目で見て、自分に言い聞かせるのです。ちょっと冷静になれます。

　この受験場で一番がんばったのは、「あなた」ですよ。

「あなた」にできないのは、「みんな」できないのです。

　このことを思い出してください。

社会科学－行政法・地方自治法

行政法は地方自治法の語呂を取り上げました。

憲法と民法がマスターできれば、行政法も理解できると思います。

条文、判例ともに、概念が重要な科目なので、概念については、何か一つ具体例と結びつけて、覚えていくようにしましょう。

憲法を具体的にしたのが行政法という関係性もあるので、憲法もしっかり復習しましょう。

重要な判例は、しっかりと理解しておきましょう。

兄さん、高架でボコボコ

「兄」＝2年以下の懲役
「さん」＝3桁＝100万円以下の罰金
「高」＝拘留
「架」＝科料
「ボ」＝没収
「コ」＝5万円以下の過料

　地方自治法14条3項、地方自治体が科すことのできる刑罰の上限の覚え方です。

　専門科目では覚えておいた方がよい知識です。

「さん」がちょっと強引ですが、3桁で最小ということで、100万円。これは刑罰の罰金です。

　5万円以下の過料は刑罰ではありません。科料は刑罰です。過料を「あやまちりょう」、科料を「とがりょう」と授業では読み分ける講師もいます。

　拘留は1日以上30日未満の間、刑事施設に拘置する刑罰です。

　没収は物を取り上げるというものです。

社会科学 — 民法

民法は教養科目で出題されるのは1割くらいです。主に専門科目の出題です。

債権法改正がありますが、しばらくは基本を訊いてくる傾向が続くでしょう。

何と言っても圧倒的なボリュームが、学習者の行く手を阻みます。まずは、この本の語呂合わせ等をとっかかりにして、これならわかるという「点」を積み重ねていきましょう。

勉強をしていて納得のいかないところは付箋を貼ってください。最後まで1周したあとに、もう一度付箋を見返すと理解できる場合が多いです。

民法は典型的な円環的構造の科目です。最初のページの理解に最後のページの理解が必要という事態が頻発します。どんな順番でテキストを組んでも、民法ではこの事態は避けられません。

胎児の権利能力 専門

胎児はそそう、いいぞう

「そ」＝不法行為による損害賠償請求権（721条）
「そう」＝相続（886条）
「いいぞう」＝遺贈（965条）

　犬や猫やロボット、AIには権利能力は認められません。

　権利能力は、権利や義務の帰属主体になれるかという資格です。

　人は出生すると権利能力を獲得し、死亡により失います。

　ただ、例外的に公平の観点から、胎児にも権利能力を認める場合があります。

　これが、「そそう、いいぞう」です。

　この3つの場合に、たまたま胎児にはできないとなると、ほんの数時間差で…という不公平が生ずるので、法は例外を認めています。

共同所有の形態 専門

組合員、豪遊

「組合」＝組合
「豪遊」＝合有

　共同所有の形態に関する覚え方です。

　各自に具体的持分がない、つまり自分の財産だけど具体的に所有権を認めてもらえない、というのが総有です。権利能力なき社団のメンバーがこれにあたります。例えば、テニスサークルのテニスボール等は、サークルの物であって、メンバーの物ではない、正確

に言うとメンバーの持分が認められないのです。

　組合は合有です。学生の方は生協（＝生活協同組合）を思い浮かべるといいでしょう。入学した時に、生協になにがしかのお金を払われたと思いますが、卒業すると返ってきます。これを潜在的持分があると表現します。団体から離脱した時は、持分が返ってきます。

　共有は具体的持分があります。持分譲渡や分割請求しても構いません。自動車を3人でお金を出し合って買ったら、3分の1は自分の物です。物権のところで、共有は詳しく勉強します。

　組合員がはめを外しているとイメージして、覚えてください。

権限の定めのない代理人の権限 専門

簡保利用会

「簡」＝管理行為
「保」＝保存行為
「利用」＝利用行為
「会」＝改良行為

　103条で、権限の定めのない代理人の権限が定められていて、それが管理行為（処分まではできない）であり、具体的には保存行為、利用行為、改良行為があると覚えればいいです。保存・利用・改良のキーワードをセットで覚えてください。

量子大発酵

「量子」＝両方（本人＋代理人）が死亡
「大」＝代理人
「発」＝破産
「酵」＝後見開始

良師はジーコ

「良師は」＝両方（本人＋代理人）が死亡・破産
「ジ」＝受任者（任意代理人）
「コ」＝後見開始

代理権の終了原因です。

「量子大発酵」は、法定代理の終了原因。「良師はジーコ」は、任意代理の終了原因です。

違いは、本人が破産した時に、代理が終了するかしないかです。

任意代理（主に委託契約を結ぶ場合です）は、本人が代理人に報酬を払って代理するのが普通です。本人が破産すると、代理人はただ働きになってしまいます。民法はドライに考えて、破産するような本人なら代理関係を終了させるというルールにしました。

一方、法定代理は、本人は成年被後見人や未成年者のようなか弱き立場です。本人が破産した！　そういうピンチの時こそ、か弱き本人（＝成年被後見人や未成年者等）を守ってやるというのが民法の考え方です。細かい話ですが、任意代理と法定代理の性質を理解した上で、この語呂合わせで処理しましょう。

理子タン、上京せい

「理」＝全部または一部の履行

「子」＝更改

「タン」＝担保を供与し、または受ける

「上」＝権利の譲渡

「京」＝強制執行

「せい」＝履行の請求

　125条の法定追認の覚え方です。

　理子さんが、上京しなさいと言われている、とちょっと苦し紛れですが、覚えてください。

　最初の3つは「される方」も含みます。履行を受けたりとか、更改されたりとか、担保を受けることも法定追認に含まれます。

　一方、後ろの3つ（上京せい）は、「される方」は含みません。権利を単にもらったり（譲渡されたり）とか、強制執行されたりとか、請求されただけでは、法定追認は生じません。

　やや発展知識ですが、覚えておくとよいでしょう。

占有改定じゃ、質不足

「質」＝質権設定
「不」＝不法原因給付
「足」＝即時取得

　この3つは、「引渡し」に「占有改定」は含まれない。
〈原則〉「占有改定」も立派な「引渡し」！

　法律では原則と例外が大事ですが、受験勉強をしていると、原則と例外が曖昧になる方が非常に多いです。

　ここの占有改定を勉強すると、「いかにも不完全な頼りないものだ」というイメージをもたれる方が多いです。

　しかし、占有改定は立派な引渡しなのです。まず、この出発点は絶対に忘れないでください。

　でも、頼りないところもあるよ、ということで、この例外3つの語呂合わせです。

　文字通り、占有改定は頼りない、質が不足している、質不足ということです。

　このテキストは語呂合わせなので、詳しい解説はそれぞれのテキストに譲ります。

　試験的には、質権設定と、即時取得が重要だと思います。

　外観上何も変化がない、というのが一番の本質的な理由付けだと思います。

　上級論点ですが、総合職あたりを考えられている方は、不法原因給付まで覚えておくとよいでしょう。

管理行為　賃貸借　解除、持ち分の価格　過半数

　管理行為の「か」、賃貸借（かしかり）の「か」、賃貸借の解除の「か」、持分の価格の「か」、過半数の「か」。

　共有物の管理行為の覚え方です。

　変更ほど物に変化を加えませんが、単なる保存（物に変化を加えない、現状維持）とも違うものです。

　管理の具体例は、共有物の賃貸借契約の締結やその賃貸借の解除等が挙げられます。

　ここは、全部「か」で覚えます。管理の「か」、賃貸借（かしかり）の「か」、解除の「か」、持分の価格の「か」、過半数の「か」。

　解除は「全員が」か「全員に対して」が原則なのですが（解除の不可分性544条1項）、共有物の管理の場合（共有物の賃貸借の解除）は、例外で過半数で解除できます。

　原則と例外をしっかり意識しましょう。

地上げ屋にA子とチエが入会

「地上げ屋」＝地上権
「A子」＝永小作権（えいこさくけん）
「チエ」＝地役権（ちえきけん）
「入会」＝入会権（いりあいけん）

　民法の物権のうち、「所有権」は使用・収益・処分の3つができる100％完全無欠な物権です。

　しかし、民法にはそれ以外の制限された不完全な物権も規定しています。

　そのうち上に挙げた4つは、使用と収益ができる（処分はできない）ということで、使用の用と収益の益で、用益物権といいます。

　この語呂合わせは用益物権4つの語呂合わせです。

　教養試験レベルでは、この4つを覚えておいて、何か性質の違う物権をわかるようにしておくとよいでしょう。

　選択肢は5つなので、4つあるというのは、よく狙われます。

抵当権が地上げ屋のＡ子と不動産でデート

「地上げ屋」＝地上権
「Ａ子」＝永小作権（えいこさくけん）
「不動産」＝不動産
「デート」＝抵当権

　これは、抵当権の対象となる権利の覚え方です。

　抵当権は住宅ローンが典型です。住宅を抵当（担保）に取って、住宅を使う権利を抵当権設定者に残したまま、住宅ローンを融資するというものです。この抵当権があるから、マイホームパパは自分の家に住んだまま、住宅ローンを返済することができます。

　抵当権は、地上権、永小作権、そして抵当権自身も抵当権の対象となります（転抵当）。加えて、不動産です。

　地上げ屋シリーズで覚えておいてください。

　試験的には、抵当権の目的物と訊かれたら、地上権、永小作権と不動産と答えてください。動産は抵当権の対象になりません。譲渡担保が事実上の動産抵当です。

　正確には、抵当権自身も抵当権の対象となるのでこの語呂合わせにも載せているのですが、やや細かいです。

担保物権共通の不可能は、ずいぶん重大

「不可」＝不可分性
「ずい」＝随伴性
「ぶん重」＝附従性
「大」＝物上代位性

　担保物権に共通する性質（通有性）の覚え方です。

　附従性と随伴性は同じようなもので、「親亀（被担保債権）がこければ子亀（担保物権）がこける」です。附従性は、債権なければ担保物権なしの関係。随伴性は、債権が移転すれば担保物権も移転するというものです。

　不可分性は被担保債権が1円でも残っていれば、担保物権は1000万円分全額残るという内容です。

　物上代位性は、住宅ローンを返済していた住宅が火事で焼けても、担保物権者（銀行）は保険金がもらえるというものです。

法律の「り」がつくと、法定担保物権

留置権（りゅうちけん）
先取特権（さきどりとっけん）
この2つは、法律で決まる法定担保物権

　所有権は使用・収益・処分の完全無欠の権利です。

　そして、処分ができないのが、先ほど出てきた用益物権です。

　もう一つ、担保（借金を返せない時に相手に奪われてしまう）の用に供されるのが担保物権です。抵当権、質権（質屋さんにギターを預ける等）、留置権、先取特権の4つです。

　抵当権と質権は約定担保物権で、契約によって発生します。当事者が「私たちは、質権・抵当権を設定しますよ」と契約（約束）しない限り、質権・抵当権は発生しません。

　一方、留置権・先取特権は、当事者が合意しなくとも、法律に定められている要件（条件）を充たせば、オートマチックに発生します。

　法律の「り」の文字で覚えてください。

留置権の問題は、
点が取れたら○、売買は×

留置権のところの覚え方です。

A→B→C（図1）の、CがAにとっての転得者である場合、CはBから買っていますが、そのBもAから買っているので、BとAは同視できます。AとCはいわゆる前主・後主の関係、当事者同士です。この場合、Cは自分の持っている留置権をAに主張することができます。「転得」者なので、「点を取る」、点が取れるので○です。留置権ありです。

一方、A→BとA→Cと二重譲渡であった場合（図2）は、CはAには留置権を主張することはできますが、この場合のCはBに留置権を主張することはできません。CとAは当事者ですが、CとBは他人同士、当事者ではありません。譲渡＝売買＝バイバイと読み替えて、「バ」イ「バ」イだから、「バ」ツ、二重譲渡は留置権は主張できない、と覚えてしまうのがよいでしょう。

（図1）　　　　（図2）

A→B→C　　　A→B
　　　　　　　　↓
　　　　　　　　C

分別の利益 _{専門}

連帯保証人になる人は、分別がない

　連帯保証に分別の利益がない、という文字通りの語呂合わせです。「保証人になるな」とよく言われます。実務的には純粋な保証人はあまりいなくて、契約書上、普通の金貸しは90％以上この連帯保証人にします。

　この連帯保証人は、補充性（催告の抗弁、検索の抗弁）がないので、債権者（金貸し）に「保証人さん、あなたが払え」と言われて、「債務者（お金を借りた人）が借りたから債務者に払えと言え」という言い訳が、いっさい利かなくなります。

　連帯保証人というのは、自分が借りたも同然の地位になります。したがって、保証人になるなと言われるのです。

　みなさんも、友人に「迷惑掛けないから」と言われて保証人になってと言われても、みなさんは親の遺言等と言って、絶対に断るように。

　保証人（連帯保証人じゃない）は複数いた場合、頭数で借金を保証します。保証人が3人いたとして、債務者が1500万借りていたら、保証人は1人あたり500万の負担で済みます。

　連帯保証人の場合は、3人いようが1人あたり1500万面倒を見なければいけません。これが分別の利益がないことの意味です。

　文字通り、連帯保証人は分別がないのです。分別の見分けがつかないのです。

債権の発生原因 教養・専門

刑事夫婦で債権発生

「刑」＝契約
「事」＝事務管理
「夫」＝不当利得
「婦」＝不法行為

　刑事シリーズ第1弾です。政治で第2弾が出てきます。

　民法で債権が発生する原因はこの4つのみです。

　専門科目で民法を勉強される方には当たり前という知識ですが、けっこう重要な項目です。

　教養のみの方も、この4つは覚えてください。契約は約束と言い換えていいです。事務管理はご近所さんの親切、ボランティアみたいなもの。不当利得は契約がトラブった時に、お金と物を相互に返そうというものと考えたらいいです。不法行為は交通事故等、違法に相手の権利を傷つけるものです。

　刑事が夫婦なんだ、とイメージしてください。

質に手を付けて敷金消費しろ

「質」=質権設定
「手を付けて」=手付け
「敷金」=敷金
「消費」=消費貸借

　民法の原則は、「売ります」「買います」の意思表示のみで契約は成立します。「意思＝思ったこと」と、「表示＝言う」ことが合わさって、意思表示になります。民法の原則は、この意思表示のみで成立する諾成契約です。

　ただし、意思表示だけでは契約が成立せず、物や金銭の実際の引渡しや授受がないと契約が成立しない類型があります。それが要物契約で、この語呂合わせの4つです。

　試験的には、特に質権設定が重要です。質屋さんにギターを預けてお金を借りた場合、ギターを返してもらいたいから、一生懸命お金を返そうとします。ギターは質屋さんの手元にないと意味がないのです。したがって、質権設定は不可避的に要物契約となります。民法典に規定のある13の典型契約のうち、消費貸借は要物もありうることは覚えておいた方がいいです。民法改正で、典型契約のうちの使用貸借と寄託、そして代物弁済も諾成契約になりました。

手付金の種類 専門

手付は少々でも、払うのいやかい

「少」＝証約手付
「いや」＝違約手付
「かい」＝解約手付

　手付の性質の覚え方です。

　手付はスーツ等を買う時に、代金全額はいいから、スーツの売買契約が成立した印に2000円くらい置いていってください、というものです。

　証約手付は、契約成立の証拠となる効力をもつ手付です。全ての手付はこの証約手付です。

　解約手付は、両当事者が解除権を留保するための手付です。特に目的を定めなければ解約手付と推定されるというのが判例です。

　違約手付は、債務が履行されない場合に、損害賠償の予定や違約罰として没収される手付です。

不法行為による損害賠償請求権 専門

不法行為の加害者は、ひまだ、そおか

「ひ」＝被害者
「ま」＝または
「だ」＝法定代理人
「そ」＝損害
「お」＝および
「か」＝加害者

　不法行為による損害賠償請求権の消滅時効（724条）の覚え方です。

　加害者は暇か、ひまなのか、そっか、そおか、と覚えてください。

　被害者又はその法定代理人が、損害及び加害者を知った時から3年間行使しないとき、損害賠償請求権は時効により消滅します。

　知った時、というのもポイントです。3年間もポイントです。

向こうに、石届け

「向こう」＝無効
「石」＝意思の欠缺（けんけつ）
「届け」＝届出がないこと

　婚姻の無効原因です。取消とはまた違うので注意。

　向こう側に、石を投げているとイメージしてください。

　婚姻意思は、実際に2人で連れ添って婚姻生活を営むという意思が必要です。相続させるとか、子に嫡出子の地位を与えるとか、単なる便法の仮装婚は無効です。

　意思が実質要件、届出が形式要件です。

婚姻の取消の不自由最近さ

「不」＝不適齢婚
「自由」＝重婚
「最」＝再婚禁止期間違反
「近」＝近親婚
「さ」＝詐欺・脅迫

　婚姻の取消原因の覚え方です。

　必ず家裁に取消しを請求する必要がある点と、婚姻の取消しに遡及効がない点が注意です。

胎児、生死不明、認知しておこう

「胎児」＝胎児（母親の承諾）
「生」＝成年の子（その成年の子自身の承諾）
「死」＝死亡した子（死亡した子に直系卑属がいることが必要）

　認知の特殊な要件です。

　胎児を認知する場合は、母の名誉を守り認知の真実性を担保するため、母の承諾が必要になります。

　成年の子を認知する場合は、子が成年に達した後に、父が認知してその子から扶養を受けようとするのは妥当ではないから、その成年の子自身の承諾が必要です。

　死亡した子の認知の場合には、死亡した子に直系卑属が存在することが必要であり、その直系卑属が成人している場合は、その直系卑属自身の承諾が必要です。

代襲相続したければ、死刑、廃止よ

「死」＝相続開始以前の死亡
「刑」＝相続欠格
「廃止よ」＝廃除

　代襲相続の原因についての覚え方です。

　代襲相続とは、子がいない時に孫が相続するというものです。

　死亡、相続欠格・廃除は代襲原因なのですが、試験的には相続放棄したら、代襲相続はないというのが、非常に頻出です。

　相続放棄というのは、自分の子孫は一族郎党、親の財産は金輪際いらないという意思表示ですから、相続放棄した張本人の子や孫が財産相続するのはおかしい、という考え方です。

兄弟姉妹の代襲相続 専門

兄弟、弟あり。いる？　いない？

「弟あり」＝兄弟姉妹の子は代襲相続できる
「いる」＝遺留分
「いない」＝兄弟姉妹に、遺留分はない

　相続の兄弟姉妹に関する重要知識です。兄弟の文字には弟（だい）があるので、代襲相続はできるというのは、重要知識です。ただ、兄弟姉妹の孫は、代襲相続できません。いわゆる「笑う相続人」を防ぐためです。

　兄弟姉妹に遺留分はありません。遺留分は残された相続人の保護のために、設けられた制度です。親の財産をあてにするのはまだしも、兄弟姉妹の財産まであてにするのは、虫が良すぎるだろうというのが、立法者の考えのようです。

今回は試験のテクニックの話をしましょう。

試験は解くものですね。その問題を作っている人の気持ちって、考えられたことはありますか？

問題作成者は何に苦労しているでしょうか？　いろいろあると思いますが、１本の正解の選択肢って簡単に作れるんです。そうです。間違いの選択肢を４本作るのに苦労するのです。

試験って、落とすためにしますね。誰にでも解ける問題と、誰にも解けない問題だけを作っても意味がないですよね。正答率というものを想定して、問題作成者は問題を作成します。恐らくは70％前後でしょう。

皆真剣に勉強した中で、３割の人が間違ってしまう選択肢を作るのは、すごく難しいことだとわかりますか？

しかも、これを４本作らないといけないのです。

間違いにはパターンがあるのです。

その一つが、「マイナーに解なし」です。過去問を勉強して、見たことがない、聞いたことがないと、正確に判断できれば、それは「マイナー」な選択肢です。それは、間違いの選択肢である可能性が高いです。問題作成者が策に窮して、４本も選択肢を並べられない、そういうピンチの時に、マイナーキャラに頼らざるを得ないというのが、マイナーキャラが出題されること、本試験には未知の知識が出題されることの一つの理由です。

往々にして、この「マイナーに解なし」なのですが、近年やや マ

イナーに解がある傾向も見えます。みなさんを迷わせるようなことを言ってしまって、誠にすみません。

　しかし、2つに1つで迷っていて、1つが見たことも聞いたこともない知識なら、マイナーに解なし、を適用してみてください。

　やたらめったら選んで確率50%よりは、もう少し確率的には分が良くなるはずです。

　その1点が、「境界線」にいるあなたを救う！

　がんばって！

社会科学 － 経済

教養科目で経済理論をどこまで勉強するかは、悩ましいところです。過去問で虫食い状態の理解に留まったとしても、やむを得ないでしょう。専門科目でミクロマクロを勉強される方には、無縁の悩みなのですが。

財政や金融の制度、経済事情の数字等は理論と関係なく、単純な暗記なので、理論が苦手な教養試験のみ受験の方は、こういう分野で点数を取ってください。

ワルラ**ス**＝スの一画目の横線の調整

マーシャ**ル**＝ルの字の縦線の調整

　需要量と供給量が不一致の時に、価格が動いて需要と供給を一致
させるのがワルラス的調整です。

　テキストがあればグラフを見てください。超過供給、超過需要のと
ころに横線が入っていて、均衡価格に向かって縦に（価格で）調整
されていると思います。ワルラ「ス」と横線をつなげて下さい。

　需要価格と供給価格が不一致の時に、数量が動いて需要と供給を
一致させるのがマーシャル的調整です。

　同じくグラフを見てください。需要価格、供給価格のところで、
縦線が入っていて、均衡数量に向かって横に（数量で）調整されて
いると思います。マーシャ「ル」と縦線をつなげてください。ワルラ
スも「ル」の文字があるので、注意してください。

「イ」の一画目を書くときに、手が右から左に動く
「デ」の一画目を書くときに、手が左から右に動く

　45度線分析でインフレギャップがある時は、完全雇用GDPは現在のGDPより左側にあります。完全雇用以上に、経済が生産活動してしまっている状態で、経済が好調な時に見られます。インフレギャップのイ字を思い浮かべて、完全雇用GDPが左にあると考えてください。

　デフレギャップは、インフレギャップとは逆に、現在のGDPが完全雇用GDPの左側にある状態です。経済の潜在能力を活かしきれていない、経済が活発でない不況の状態です。平成の日本はデフレギャップの状態です。このデフレギャップを埋めるべく、総需要を増やす政策（財政・金融政策）が行われます。デフレギャップのデの字を思い浮かべて、完全雇用GDPが右にあるんだと考えてください。

　現在のGDPから見て、完全雇用GDPがどちらにあるかを考えてください。左にある場合はインフレギャップ、右にある場合はデフレギャップです。

ISのテロが右下がりだといいのに

「IS」＝IS曲線
「右下がり」＝右下がり

　IS＝イスラム国のISですが、IS曲線のISでもあります。

　IS曲線は財市場の均衡を表すもので、I（投資）＝S（貯蓄）となるY（＝国民所得）とr（＝利子率）の組み合わせを示します。

　IS曲線は、財政当局（財務省）が予算によってコントロールされます（財政政策）。財政支出を増加した（積極財政）場合はIS曲線は、右シフト。財政支出を減少させた（緊縮財政）場合は、左シフトします。語呂合わせの通り、右下がりです。

　LM曲線は金融市場の均衡を表すもので、L（liquidity、流動性、貨幣需要）とM（マネーサプライ、貨幣供給）を均衡させる、Yとrの組み合わせを示します。

　LM曲線は、中央銀行（日本銀行）が公定歩合操作、公開市場操作（買いオペが主、金融緩和の「か」、買いオペの「か」と覚える）、支払準備率操作を通じて、マネーサプライを操作することによってコントロールされます（金融政策）。

　マネーサプライを増加させる場合は（金融緩和）、LM曲線は右シフト。マネーサプライを減少させる場合は（金融引き締め）、LM曲線は左シフトです。

　LM曲線は、IS曲線とは反対に、右上がりです。

キチンの波　約40ヶ月

「キチン」＝3文字　約40ヶ月＝約3年　3文字と3年

ジュグラーの波　約10年

「ジュ」グラー＝10

クズネッツの波　約20年

クズネッ「ツ」＝ツー（two）＝「に」じゅう＝「2」0

コンドラチェフの波　約50年

「コ」ンドラチェフ＝「5」0

　景気変動の４つの波の周期の覚え方です。

　キチンの波は在庫循環が原因で、約40ヶ月＝3年と４ヶ月、3年の3で、キチンの3文字と同じです。

　ジュグラーの波は企業の設備投資が原因で、ジュグラーのジュ、じゅうの10で、約10年です。クズネッツの波は建築循環が原因で、クズネッ「ツー」＝two＝「2」0で、約20年です。コンドラチェフの波は技術革新が原因で、「コ」ンドラチェフの「コ」＝「5」0で、約50年です。

　また、キチン（3文字、一番短い）、ジュグラー（ーをのけると4文字、短い）、クズネッツ（5文字）、コンドラチェフ（7文字、一番長い）と、文字の長さで並べても、直感的に答えが出ます。ご参考までに。

　私は経済学部ではありませんでしたが、経済原論を独学して、国家Ⅰ種（現在の総合職）の経済職の１次を２年連続通過しました。また、19年間、教養科目の経済を担当してきました。その経験から言える３つのコツです。

１．テキストの図表を大切に、できれば、いちいち書く

　テキストにある図表は、できたら（広告の裏等でよいので）一つ一つ、書き写しながら読んでください。

　例えば右下がりの需要曲線、IS曲線、右上がりの供給曲線、LM曲線などは図示されていますが、それをただ眺めているだけでは、問題は解けません。

　Ａ点とＢ点が対応していると図表で説明されていても、そのＡ点とＢ点の対応は、実際に自分で書き写さないとよくわからないでしょう。実際に書き写しながら読まないと１枚１枚の図表の意味が理解できないでしょう。

　実際のところ、私はここまでしました。

　一つ一つの図表の意味を、自分の手を動かしながら納得して勉強するようにしてください。

　問題を解いて困った時に、自分で図を書いて考えるようになれればしめたものです。

　その意味でも、図表は書き写しながら読むのがよいでしょう。

２．とにかくまとめて勉強すること

　経済理論というのは、一つの大きな塊です。

　この全体像を把握するためには、なるべく時間をまとめて使った方が得策だと考えます。

　極端な例えを言うと、１日１時間経済の勉強をするより、日曜日に７時間勉強した方が「効率的」な勉強が可能になると考えます。

　というのも一つ一つの話が相互に連関し合っているので、１日１時間ペースだと毎日復習に30分かかって、30分しか新しいことに進めなかったという、非効率的な時間配分に陥る可能性があるのです。ただし、経済の計算の練習は一種のスポーツみたいなものですから、これは毎日勉強する必要があります。

　計算は毎日取り組み理論面を週１日まとめて勉強するというパターンをお勧めします。

　私も学生時代に、夜遅くまで１日かかって、比較静学からヘクシャー＝オリーン・モデル（国際貿易）まで、紙にまとめて勉強して（俗に言うメモリーツリー）、経済がつかめました。

３．わからないことはわかる人に質問すること
　（＝経済の疑問は自分一人ではなかなか解決できない）

　経済の難しさの一つの原因は、わからなくなる（＝はまる）ポイントが一人ひとりで見事に違うというところにあると思います。

　はまるポイントが皆同じなら、講師が予め先回りすればいいので、これはラクな科目なのです。しかし、こと経済に限って言うとそうではなさそうです。

　疑問点が一人ひとり違うのですから、個別指導の形で質問して解決するしかないのです。

　実は、疑問点を見つけること自体が一つのよい勉強法なのです。

ややこしい言い方をしますと、何がわからないのかがわかれば、わかったも同然なのです。

　大学の教授や先輩に、思い切って質問するのもいいでしょう。

社会科学 － 政治

専門科目を勉強される方は、自然と教養科目の法律、経済はできるのですが、政治学を専門で勉強しないと、教養科目の政治に足下をすくわれるかもしれません。

政治学は先生の数だけ政治学があるような学問です。法律、経済と違って、政治学には統一された理論があるわけではないので、いきなり過去問を解いて、キーワードを自分なりに整理しても、政治の分野は点数が取れると思います。

ポップスとロックンロール

「ポップス」＝ホッブズ
「ロック」＝ロック
「ルソー」＝ルソー

　社会契約説の3人。権力分立のモンテスキューと合わせて、1問出題される場合が多い。

　社会契約説は近代市民社会を支えた思想です。一つ前の国王が強大な権力を独り占めして、国民の権利をめちゃくちゃにした時代に対して、市民が勇ましく革命を起こして国王から権力を奪取しました。国王の時代の王権神授説（王様の権力・権威は神から授かったから、国民は従え）を否定したのが、近代市民社会・市民革命時代の社会契約説です。

　その特徴は、国民が一人ひとり契約を結んで国家を作った、というキリスト教的（キリスト教は神と人との契約）、ヨーロッパ的、契約重視的なものです。

　3人の違いは、自然状態（政府が無くなった時、国民はどうなるか）をどうとらえるか、にあります。ホッブズは「戦争」です。万人の万人に対する闘争を止めるために強大な国家権力を容認します。ロックは「平和」です。自然状態でもそこそこいいけど、念のために国家を作ろうということです。ロックは国民に国家を変える権利（抵抗権）を認めます。ルソーは「理想」です。文明の進化によって貧富の差が発生し、現実には矛盾があるとして、理想状態にある「自然に帰れ」と主張します。

	ホッブズ（英）	ロック（英）	ルソー（仏）
自然状態とは？	戦争 「人間は人間にとって狼」 「万人の万人に対する闘争」	平和	理想 「自然に帰れ」
社会契約とは？	自然権の「譲渡」 契約 （＝放棄、取り返せない）	自然権の「信託」 契約 （＝預けただけ、取り返せる） ＝国民に抵抗権あり	「一般意志」に絶対服従
求められる政治体制	専制君主制 （＝王様が決める）	立憲君主制 間接民主制 （＝国民が決める、国民の代表が決める）	直接民主制 （＝国民が決める、国民が直接決める）
歴史の影響	英の王政復古支持	名誉革命 アメリカ独立 フランス革命	フランス革命 英の代議制否定

ミックスジュース、口<ruby>口<rt>くち</rt></ruby>で飲む

「ミ」＝ミランダ
「ク」＝カ行でつながる
「ジュ」＝呪術
「く」＝クレデンダ
「ち」＝知的

「カ行でつながる」とは、感情（かんじょう）や感性（かんせい）に訴えるのがミランダという意味です。
　国歌（こっか）、国旗（こっき）、記念日（きねんび）などカ行につながるのが多いのです。
　ミラクルのミラのミランダとも覚えられます。
　ミランダは呪術的で、クレデンダは知的です。

今日の散歩はダルい

「今日」＝競争（高い）
「散」＝参加（高い）
「歩」＝ポリアーキー
「ダル」＝ダール

　ポリアーキーはダールが考え出した概念です。野党等により競争にさらされていて、多くの人が政治に参加できるのが、ポリアーキーです。

ミ「減る」ス＝ミヘルス

　ミヘルスはドイツ社会民主党の研究等を通じて、組織が巨大化すれば非民主的な少数支配、すなわち寡頭制に必然的になると主張しました。

　理由としては、組織の存続には有能な指導層が不可欠なことと、組織のメンバーも自分で主体的に決めるのでなく、周りに流されるということを挙げています。

マトが逆になって、訓練はムダ

「マト」＝マートン
「逆」＝官僚制の逆機能
「訓練」「ム」＝訓練された無能力

　マートンは、官僚制の法規の遵守が杓子定規につながる、権限の原則もたらい回しの弊害につながる等、合理性を追求し官僚制にした結果、薬の副作用のように逃れられない逆効果もあると指摘し、官僚制の逆機能としました。

　また、このような逆機能は職務についてのパターン化された訓練を通じて形成されると考えました。想定外の事態が起こった時に、対処する能力が失われるとし、マートンはこの現象を「訓練された無能力」と呼びました。

EU・ユーロ、始めマーストリヒト条約

そもそもは、ドイツとフランスの協調というのが、EUの原点です。1967年ECが独仏伊、ベネルクス三国（ベルギー、ネはネーデルラント＝オランダ、ルクスはルクセンブルク）の6カ国で成立します。以降、73年にイギリス、アイルランド、デンマーク（2期生）、81年がギリシャ（3期生）、86年がスペイン・ポルトガル（4期生）、95年がスウェーデン・フィンランド・オーストリア（5期生）。

1期生がヨーロッパの真ん中の塊、2期生が左上の島国、3期生が右下のギリシャ単独、4期生が左下のイベリア半島の2国、スペイン・ポルトガル、5期生が上のスウェーデン・フィンランドと真ん中のオーストリア。加盟国は1期生から5期生まで、渦を巻くように増えていくとイメージできればよいでしょう。

そして、1993年のマーストリヒト条約で、ECが今のEUになって、ユーロ導入が決定されました。ということで、覚え方は、EU・ユーロ、始めマーストリヒト条約。

冷やし中華始めました、みたいな感じで覚えてください。

国連の常任理事国 　教養・専門

ア・チュ・イ・フ・ロ

「ア」＝アメリカ
「チュ」＝中国
「イ」＝イギリス
「フ」＝フランス
「ロ」＝ロシア

　国連安全保障理事会の常任理事国5つの覚え方です。
「熱い風呂」と覚えておけばいいでしょう。

　この5常任理事国は拒否権を持っていて、10の非常任理事国を
含む、残りの14カ国がYesと言っても、この5常任理事国1カ国が
Noと言えば、安全保障理事会は何もできないことになります。

　この5カ国は大国ですから、大国の利害を重視した結果、国連憲
章はこういう仕組みにしました。

　小国の利害は、国連総会で面倒を見ます。アメリカ合衆国もアン
ティグア・バーブーダも総会では1票です。

　たまたまですが、5常任理事国は、NPT（核不拡散条約）で核保
有を公式に認められている5カ国と、ピタリ一致しています。

　この5カ国は、格が違うということです。

刑事、足そこ！

「刑」＝経済社会理事会
「事」＝事務局
「あ」＝安全保障理事会
「し」＝信託統治理事会
「そ」＝総会
「こ」＝国際司法裁判所

　民法で出てきた、刑事の第1弾に次ぐ、刑事の第2弾です。

　なにかバラバラ事件があって、「刑事さん、足はそこだよ！」と指示しているとイメージしてください。

　信託統治理事会は、1994年以降活動を停止しているので、注意してください。

広場は歓声、名誉革命
1 6 8 8

火縄くすぶる、バスティーユ
1 7 8 9

アジアいちはやく、明治憲法
1 8 8 9

1689年　権利章典（英名誉革命の結果）

1789年　仏人権宣言（フランス革命の結果）

1889年　大日本帝国憲法発布

1989年　冷戦終了（マルタ会談、「ヤルタからマルタへ」）
　　　　　天安門事件、ベルリンの壁崩壊、東欧革命、ソ連アフガニ
　　　　　スタンから撤退、ルーマニアのチャウシェスク政権崩壊

　権利章典は、人権が確立した文書。ただまだイギリス固有という側面は拭いきれませんでした。

　これを、フランス人権宣言は、人権を人類普遍的なものとして確立したところに意味があります。

　そして、ヨーロッパからアジア・アフリカまで広げたところに、大日本帝国憲法の意味があります。語呂の通り、アジア・アフリカでは一番早いのです。

　冷戦終了によって、議会制民主主義・自由主義が依って立つ理念なんだ、社会主義やさらにはファシズム・独裁は否定されるものだ、ということがはっきりします。

　1989年も重要な出来事が毎月のように起こった年でした。日本はバブル末期、平成の開始です。

オンブズマン制度 教養・専門

すべって川でおぼれる

「すべって」＝スウェーデン
「川」＝神奈川県川崎市
「おぼれる」＝オンブズマン

　オンブズマンは行政のお目付役です。行政が悪いことをしないかどうかを、見張っています。スウェーデン発祥です。イギリス、アメリカ等で間違わせます。日本では、川崎市で初めて導入されました。日本の国レベルにオンブズマンがいない、というのも頻出知識です。

細川内閣の党派の数 教養・専門

非自民・非共産連立内閣の政策過程はたこ足配線、たこの足8本

　1955年からの自民党が社会党の2倍の議席を持っていたという55年体制は、1993年宮沢内閣で終了します。それまでの自民党政権に替わって、国民の期待を受けて非自民・非共産連立内閣の細川内閣が成立します。

　8党派という数を覚えておいてください。政策形成過程に混乱が見られ、成果としては選挙区を現行の小選挙区比例代表並立制に変えたことが挙げられます。自民党政権が続く限りは中選挙区は変えられなかったでしょう。

衆院の定数減に与党は喜ぶ、ブームに沸く政党をマスコミは非難

（465、289、176）

参議院の虹は、一本よく晴れて、100点満点

（248、1、4、8、100）

衆議院の現在の定数は465で、小選挙区が289、比例代表が176です。小選挙区比例代表並立制です。ドイツの併用制（小選挙区を加味した比例代表制）と違って、日本の並立制の場合、小選挙区と比例代表は別のゲームです。お互いに並び立っているだけなのです。

参議院の現在の定数は248です。選挙区（基本は都道府県単位）が148、比例代表が100です。衆議院の全国11ブロックの拘束名簿式比例代表制と違って、参議院は全国1ブロックの非拘束名簿式比例代表制です。名簿に政党が順位をつけないこと、投票が政党名に加えて個人名でも可能なことが、非拘束の意味です。

今回は私の経験談の話をしましょう。

1995年5月下旬、私は中近東第1課に配属されました。

中近東第1課の部屋に同期と共に入りました。

私はすぐその部屋から出て行かなければなりませんでした。

当時、ヨルダンのハッサン皇太子が来日し、東京に在住しており、私は皇太子の宿舎であるホテルの一室にある連絡室に詰めることを命ぜられたのでした。

緊張しない私が緊張の極限で向かった先は、まさに外交の最前線でした。

年長の大人たちが高速で大声で話す、叫ぶ、日本語で、英語で、アラビア語で。

怒鳴られる、黒板に課の同僚の名前を書き入れるよう命ぜられ、漢字を書き間違う。

挙げ句の果ては、上司のスーツを取り違えて、自分が上司の上着を着ている始末。

テンパっていました。

端から見ても、私が緊張しているのがわかったのでしょう。課のNo.2であり、連絡室を仕切っていた上司が、見るに見かねて、こう言いました。

「中島君よう、君は今まで試験の世界にいたから、100点満点を目指していただろう。でもなあ、実務は平均点でいいんだよ。でも、その代わり、どんなとき、どんなことでも、平均点を取らなければならない。それが公務員というものだ」

これは金言でした。

　この言葉が功を奏したのか、それからは「何となくやっていけそう」と思うことができて、肩の力が抜けて、余計なプレッシャーが消えて、「平均点、平均点」と言い聞かせながら、仕事をしました。

　初日に連絡室に泊まり込んだら、シャワーを浴びている時に、ヨルダン側のカウンターパートが来る等の顛末がありましたが、どうかにこうにか3、4日くらいの皇太子の東京滞在を切り抜けることができました。

　公務員には同業他社という概念がありません。大所高所で仕事ができます。競争相手がいないので、100点満点を取らなくても、他社に抜かれることはありえません。

　民間の会社は100点満点を出さないと、アダム・スミスの言う「神の見えざる手」に淘汰されて、市場から消え去るのみです。

　その代わり、公務員は、「どんなとき」「どんなこと」でも事をやりとげなければなりません。24時間365日、「前例のない」「想定外」という言い訳は許されません。「平均点」が必要です。「赤点」はダメです。日本国民の公務に対する期待が高いからです。「全体の奉仕者（憲法15条2項）」だからです。

　公務員試験の範囲が日本一幅が広いという、一つの理由はここにあります。

　勉強が進むと焦りますが、もうひと頑張り。

　ゴールはもうすぐ。

　夜明け前が、一番暗い。

　一日一日、勉強を積み上げて、続けていきましょう。

社会科学－社会学

教養の社会分野でも社会学が出ることがありますが、そんなに多くありません。

専門の社会学は、人名とキーワードをポケモンのように覚える科目です。

ひたすら暗記なので、理論が苦手な方、暗記で勝負という方は、社会学で稼ぎましょう。

三段階の法則 <small>教養・専門</small>

今度、フランスの三階で同棲します

「今度」＝コント
「フランス」＝フランス
「三階」＝三段階
「同棲」＝社会動学、社会静学

　フランスのコントは社会を三段階に分けて、分析していきます。まず、精神は神学的→形而上学的→実証的、対応して社会は軍事的→法律的→産業的社会へと、発展していくとします。

　またコントは自分の社会学を、進歩を扱う社会動学と、秩序を扱う社会静学に分けます。

社会進化論 <small>教養・専門</small>

機体を売る軍事産業は、スペシャルに進化した

「機体」＝社会有「機体」説
「軍事産業」＝軍事型社会→産業型社会
「スペシャル」＝スペンサー
「進化」＝社会進化論

　スペンサーはダーウィン的ないわゆる進化論が、社会にも適用できると考えました。

　その図式は、軍事型社会から産業型社会と表されます。常識的な理解でしょう。

ダーウィン的な説を適用するのも、社会を生物（＝有機体）としてとらえるからであります。

スペンサーは19世紀後半イギリスの人で、フランスのコント同様、社会学の先駆者です。

プロテスタンティズム 教養・専門

プロ（入団）テストで、官僚が上ヘトス

「プロ（入団）テスト」＝プロテスタンティズム
「官僚」＝官僚制の分析
「上」＝ウェーバー
「ヘトス」＝エートス

ウェーバーと言えば、超重要人物です。プロテスタンティズムとの関わりは常識として知っていて欲しいです。プロテスタンティズムのエートス（民族のもつ道徳的慣習・行動の規範）である社会的禁欲が、プロテスタンティズム（新教）諸国の経済成長を導いたと、『プロテスタンティズムの倫理と資本主義の精神』で述べています。イギリス、ドイツ、アメリカ合衆国といった国の経済成長を、プロテスタンティズムと結びつけたのが、ウェーバーの鋭いところです。カトリックと対比させると、よくわかるでしょう。

官僚制を分析したというのも、重要知識です。近代官僚制が近代合理主義の組織形態として普及し、その合理性ゆえいったん形成されると破壊されにくい、と考えました。

官僚制は行政組織だけでなく、企業等の民間でも見られます。大組織は合理性を追求すると、自ずから官僚制になるのです。

非行少年が公園でたむろする

「非行」＝非行下位文化論（非行サブカルチャー論）
「少年」＝コーエンは主に少年非行について
「公園」＝コーエン

　コーエンはアメリカの大都市では非行社会が存在し、そこでは非行等の逸脱を容認する下位文化（サブカルチャー）が形成されているとしました。日本では、新宿の歌舞伎町等をイメージするといいでしょう。

　非行少年には非行少年なりの秩序や世界や価値観があって、居心地がよかろうということを、コーエンは主張したと考えればよいです。

儀礼的な演劇とスティグマを貼られ、ご不満だ

「儀礼的」＝儀礼的無関心
「演劇」＝演劇論的アプローチ
「スティグマ」＝スティグマ（負の烙印）
「ご不満」＝ゴフマン

　劇団員が自分の演劇の演技が儀礼的だと言われ不満を持っているとイメージしましょう。

　3つの用語とも、ゴフマンの関連です。

スティグマというのは、負の烙印です。性別や民族等の差別のようなものを、思い浮かべればいいでしょう。ゴフマンは人の名前で（本当にご不満だ）、このようなスティグマを負った者が、非行等の社会からの逸脱に走ってしまうということを述べています。

演劇論的アプローチとは、出会い等の対面的相互行為を分析したゴフマンの方法論です。人々は、役者が演技するように互いに印象操作をしているとします。儀礼的無関心とは、行為者が醜態をさらした時に、あえて無関心を装うふるまいをすることです。

テンニースの理論 教養・専門

テニスを混ぜる

「テニス」＝テンニース
「混」＝ゲマインシャフト
「ぜ」＝ゲゼルシャフト

テンニースの提唱で、ゲマインシャフトは家族など愛情や親しみを絆として成立するものです。一方、ゲゼルシャフトは都市など利害や目的を契機として成立するものです。

ゲマインシャフトに含まれるのは、家族、村落、都市の3つです。家族は血、村落は場所、都市は宗教によって、本質的に人々を結合させています。

ゲゼルシャフトは、大都市、国、世界の3つです。大都市は法によって、国は交易によって、世界は文明によって、選択的に人々を結合させています。

テンニースは、社会は歴史的にゲマインシャフトからゲゼルシャフトに移行する、と主張しています。

阿蘇の牧場のコミュニティ

「阿蘇（あそ）」＝アソシエーション
「牧場（まきば）」＝マッキーヴァー
「コミュニティ」＝コミュニティ

　マッキーヴァーは一定地域に自ずと成立する共同体をコミュニティとしました。一方、人為的・計画的に成立する集団をアソシエーションとしました。

　コミュニティは、村、町、都市、国、地球等です。

　アソシエーションは、家族、学校、会社、政府等です。

　テンニースとは、家族の位置づけが違っていると思われますので、意識しておくとよいでしょう。

四角い窓

「四」＝家族の四機能
「角」＝核家族
「窓」＝マードック

　マードックは、古代〜現代を問わずまた地理的にも、核家族が普遍的なものであることを主張します。

　核家族は夫婦と未婚の子供から構成される家族です。

　家族の機能については、性、経済的協同、生殖、教育を担っているとします。友愛は間違いの出題例です。

　面接試験の情報収集について、書きましょう。

　スマホで情報が手に入る中、アナログ・前時代的、昭和な自分の足で稼ぎ、自分の目で見て、自分の知覚でゲットした情報こそ、デジタル時代の今日でもまだまだ重要です。

　お金で買ったり、ネットで入る情報では差がつかず、自分の体験を伴う情報でこそ、差がつくといってもいいかもしれません。

　それでは、面接試験に向けてどうすれば、血の通った情報が取れるでしょうか？

　説明会への出席等もそうですが、一つは自分の志望する役所のオフィスに行ってランチを食べることです。

　みなさんは配偶者や家族と過ごすのと同じくらいの時間を職場で過ごすこととなります。

　将来の職場の環境とか、お昼に何を食べるかとかいくらかかるかとか、純粋に知りたいと思いませんか？　実際に役所でランチを食べれば、まさに「百聞は一見に如かず」です。

　役所には、学生証さえあれば、格好は大学のキャンパスに行くのと同じノリで構いません。

　最近セキュリティが厳しいので、それなりの条件の記入等が求められるかもしれませんが、「採用試験の受験を考えていて、採用のパンフレットを取りに来た」旨を話せば、おそらくは通してくれるでしょう。公安系（私のいた外務省等も）は、そういう一種の機転が必要かもしれません。

食堂に行ったら、周りの人の雰囲気を観察しましょう。シャツの色、髪型、会話の内容、物腰等、「自分は1年後この役所にいるんだ」「どんな1年生になればここに溶け込むことができるだろうか」、そういうことをシミュレーションしておくのが、何よりも重要です。

　また将来のオフィスの様子もそれとなく観察してみましょう。廊下を走り回る職員はいないか、電話がじゃんじゃん鳴っていないか、騒然としているか静寂なのか、ネットにはどこにも書いていない情報です。

　この実体験に、デジタル・エコノミックな公開情報（オープン情報）が加われば鬼に金棒です。

　あなたは、面接官の目に留まる「ひと味違う」受験生になれるはずです。

　首尾良く内定もゲットできるでしょう。

　筆記試験で頭がいっぱいかと思いますが、面接試験の準備もしておきましょう。

社会科学 – 社会・労働法

社会の分野で労働のことも出題されることがあります。

社会の分野は幅が広いので、日頃からいろいろなことに関心を持ってください。

日本国の公務員になるのならば、まずはこの社会がどういう状態にあるかに関心を持ってしかるべきです。

時事や集団討論や論作文の対策に、そして面接の志望動機を考える際に、社会への広い関心が求められると思います。

労働争議の調整 （教養）

ブルースリーがアチョー中

「ア」＝斡旋（あっせん）
「チョー」＝調停（ちょうてい）
「中」＝仲裁（ちゅうさい）

　カンフーのブルースリーが、闘う時にアチョーと気合いを入れているとイメージしてください。

　斡旋、調停、仲裁の順番が大事です。

　労働委員会において、労働争議（労働者が結成する労働組合と使用者との間の争い）の調整が行われ、斡旋、調停、仲裁の順に拘束力は強まります。

　斡旋は、労使双方の主張を聞くだけで、拘束力の生じる行為はありません。

　調停は、双方の意見を聞いて具体的な調停案を作成します。調停案の受諾は勧告にすぎないため、受諾しなくてもよいです。ただし、受諾すれば拘束力が発生します。

　仲裁は、双方の意見を聞いて仲裁裁定を作成します。裁定は労働協約と同じ効力を有し拘束力があるので、労使双方とも従わなければいけません。

社会科学 – 社会政策

専門科目で社会政策が出題される職種・自治体は限られています。

まずは、自分の受ける試験で、社会政策の出題があるか、確認してください。

他の科目、例えば時事、社会事情等ともかなり重なる科目なので、過去問を入手してこなしておくことで、対策は足りるでしょう。効率的に勉強しましょう。

イギリスの波辺で、ゆりかごから墓場まで

「イギリス」＝イギリス
「波」＝ナショナル・ミニマム
「辺」＝ベヴァリッジ報告

　1942年のチャーチル内閣で福祉国家化の基本指針となったのが、ベヴァリッジ報告です。社会保障をナショナル・ミニマム（最低限度の生活費）確保を目的とする制度としました。いわゆる、「ゆりかごから墓場まで」国家が面倒を見るという制度です。

■足し算の発想

（例）黒い（色が黒い＋インドのイ）＋デ（デはデカン高原）＋メキン（メキンは強引だが綿花）＋ぐれる（レグール土）　　　　　　　　　（46頁参照）

■引き算の発想

　ヤスパースを「ヤ」だけ、キルケゴールを「NHKのK」だけ等にして、他の言葉と組み合わせします。「野球、サッカー、NHK」の語呂合わせはNHKから思いつきました。　　　　　　　　　　　　　　　　　（67頁参照）

■順番が大事な語呂合わせと、「とにかく何人かがわかればいい」という順番は重要でない語呂合わせがある。

・順番が大事

　　（例）「ポップスとロックンロール」　（134頁参照）

　　　　※ホッブズ・ロック・ルソーの順番は大事

　　（例）「京都、高松、天然水」（江戸の三大改革）も同じ

　　　　　　　　　　　　　　　　　　（15頁参照）

・順番が大事でない

　　（例）「野球、サッカー、NHK」　　（67頁参照）

■ムダな文字が入る語呂合わせと入らない語呂合わせ

「黒いデメキンぐれる」はムダな文字が入りませんが、「京都、高松、天然水」は然の文字がムダになります。

■公務員試験と大学受験の大きな違いは、記述式か選択式かということ

　選択式の公務員試験ではわざわざ「国連の常任理事国はアメリカ、中国、イギリス、フランス、ロシア」と書かなくてよいので、「アチュイフロ」と覚えておけば十分です。わざわざ全部覚えなくても正解できる「技」が語呂合わせなのです。また、たすきがけパターンも同じ意味に取れるでしょう。

　語呂合わせはどんなに強引に思えても、メリットが十分ありますから、お好きな範囲で語呂合わせを利用なされば十分です。

付録

年号語呂合わせ

年号の語呂合わせはどうしても先人の語呂合わせをなぞることが多くなります。

公務員試験にとって不可欠な語呂合わせは☆を付加しています。

日本史の年号31

593 聖徳太子摂政となる 「**こくみん**歓迎、太子が摂政」

607 遣隋使派遣 「**ぶれいな**と怒る煬帝」

日出ずる国の天子が日沈む国の天子に書を致す、と中国を日没（ひぼつ）
する国に例えたので煬帝が怒ったと覚えます。

645 大化の改新 「**むじこ**の日なし大化の改新」

覚え方がいろいろありますが、むじこは無事故とかけています。

672 壬申の乱 「**むりなぶんれつ**壬申の乱」

壬申の乱は皇位継承をめぐる古代最大の反乱です。

☆**710** 平城京 「**なんと**きれいな平城京」

743 墾田永年私財法 「**なよりみ**を取る墾田永年私財法」

名は公地公民の制度、実は税収・土地の管理です。

☆**794** 平安京 「**なくよ**うぐいす平安京」

969 安和の変 「**くろく**なかった安和の変」

延久の荘園整理令の100年前。

1052 末法 「**ひとのおそれこうじ**て末法」

0をおそれと読むのがポイントです。末法とはお釈迦様が亡く
なってから2000年経つと1万年間極悪非道の時代が続くという
考え方のことです。

1069 延久の荘園整理令の発布 「**とうろく**以外の荘園禁止」

これによって藤原氏への荘園の集中が止まってしまいます。

1086 院政 「**いじわるOBむ**理言う院政」

強引に英語を使っています。院は現役の天皇のOBです。

1156 保元の乱 「**いいころ**起こった保元の乱」

☆**1192** 鎌倉幕府 「**いいくに**作ろう鎌倉幕府」

1221 承久の乱 「**ひとにふいい**うち承久の乱」

1232 御成敗式目 「**ひにさんにん**をご成敗」

3人では済まなかったかもしれませんが、こう覚えます。西洋
のマグナカルタと同時期です。

1274 元寇 「**ひとふなよい**の元寇」
「**とおになし**、蒙古の船影」

1297 永仁の徳政令 「**ひにくな**結果の徳政令」

御家人を助けようと思って借金の棒引き（＝徳政）を認めたら、かえって経済が混乱してますます御家人が窮乏したので、ひにくな結果と覚えます。

☆**1392** 南北朝の合体 「**いざくに**作って南北朝」

李氏朝鮮建国と同年です。

☆**1467** 応仁の乱 「**ひとのよむなし**応仁の乱」

人が争うのはむなしいということです。

1543 鉄砲伝来 「**じゅうごよさん**でお作りします」

物騒な語呂合わせですが、こうして覚えましょう。1をじゅう（銃）と読むのがポイントです。

1549 キリスト教伝来 「**いごよく**伝わるキリスト教」

これも「よく伝わったんだな」と覚えましょう。

1573 室町幕府滅亡 「**いごなみ**だの室町幕府」

室町幕府が割と長持ちした、というのがわかればよいでしょう。

1854 日米和親条約 「**ひとはこし**まう」

箱にしまう、で箱館と下田を開港したとも覚えます。

1858 日米修好通商条約 「**ひとはこわ**がる」

金髪のアメリカ人の見た目は怖かったんだな、と覚えます。関税自主権がなく（経済）、治外法権（法律）を認めさせられて不平等条約です。

1868 明治維新 「**ひとつやろうや**明治維新」

☆**1889** 大日本帝国憲法発布 「アジア**いちはやく**明治憲法」

政治、法学等他の科目でも役に立ちますから覚えましょう。

1911 条約改正の完了、辛亥革命と同年、明治最後の年でもある
「**ひくいいち**から条約改正」

小村寿太郎が関税自主権を回復して条約改正は完了しました。

☆**1931** 満州事変 「**いくさいけ**満州事変」

1932 五・一五事件 「**いくさに**なった五・一五」

　満州事変と1年違いですが、だからこそしっかりと覚えておきましょう。

1936 二・二六事件 「**ひどくさむ**い日二・二六」

　2月だから寒かったのだな、と覚えましょう。

☆ **1978** 日中平和友好条約 「**ビッグな**パンダで平和友好条約」

　国交正常化は田中内閣、条約にしたのが福田内閣の時です。

主に西洋史語呂合わせ53

前334 アレクサンドロス大王東方遠征開始
「**さあさし**っかりアレクサン」

313 ミラノ勅令でキリスト教公認
「**さいさん**迫害した後、公認する」
> 万人が平等であるというキリスト教と皇帝が一番というローマ帝国は相性が悪いということです。

325 ニケーア公会議 「**みにこい**会議ニケーアへ」

375 ゲルマン民族大移動
「**みんなこい**、と西ゴート」「**みなごめん**、と大移動」
> 西ゴート族の移動がゲルマン民族大移動につながったということです。

392 キリスト教国教化 「**さあくに**挙げて国教化」
> ローマ帝国は帝国の統治に利用しようとして、キリスト教の国教化を図ったのです。

☆**395** ローマ帝国東西分裂 「**さくこ**とになる、東西ローマ」
> 東西分裂なので裂けるということです。

610 イスラム教の啓示を受ける 「**ろとお**で広めるイスラム教」
> 路頭で広まったと覚えましょう。

622 ムハンマド、メッカからメディナへヒジュラ（聖遷）
「**ぶじに**逃れたムハンマド」
> メッカからメディナへと無事に逃げたと覚えましょう。

800 カールの戴冠 「**やあこまるこまる**、とカール戴冠」
> これはキリがよいのでわざわざ語呂合わせにしなくてもよいかもしれません。

962 オットー大帝の戴冠 「**くろうにん**のオットー」

1077 カノッサの屈辱 「**ひれいな7世**、カノッサの屈辱」
> 7世とは時の教皇グレゴリウス7世のことを指しています。

☆**1096** 第1回十字軍開始 「**じゅうじをくむ**十字軍」

10をじゅうと読んで、そのまま覚えます。

☆**1215** マグナカルタ

「**じゆうにいこうぜ**、マグナカルタ」

「**ひとついうこ**と聞く国王ジョン」

これも千の位の1を「じゅう＝じゆう」と読んで覚えます。時の国王の名前はジョンでした。

1339 百年戦争 「**ひとさんざんくるしむ**、百年戦争」

本当は百年以上戦争していますが、百年戦争と覚えます。

☆**1453** 東ローマ帝国滅亡 「**いいしでござる**、東ローマ」

cf.百年戦争終了も同年。

西ローマに比べて、東ローマはかなり長持ちしています。

☆**1492** コロンブス新大陸発見 「**いよくに**満ちたコロンブス」

cf.レコンキスタ完了も同年。

1492年は欧州が世界を支配していく端緒となる重要年代です。

1517 ルター「95か条の論題」発表 「**いごいなく**なる旧教徒」

少し気を悪くなさる方もいるかもしれませんが、このように覚える手段もあります。

1571 レパント海戦 「**いごないている**、オスマントルコ」

オスマン帝国を破ったのは、スペインを中心とする連合艦隊でした。

1648 ウェストファリア条約

「**のろしは**上がったウェストファリア」

「**ひろうよわ**まるウェストファリア」

1648年は欧州に主権国家体制が形成された記憶すべき年です。ウェストファリア条約以降の語呂合わせは国際関係でも重要です。宗教戦争のダメージが癒えた＝欧州の疲労弱まる、です。

☆**1688** 名誉革命 「**ひろばは**歓声名誉革命」

1689年の権利章典も重要です。

☆**1776** アメリカ独立 「**いななきろっく**でアメリカ独立」

ロックの抵抗権とかけています。

☆**1789** フランス革命 「**ひなわく**すぶるバスティーユ」

フランス革命の時は火縄銃を使っていたと覚えましょう。バス
ティーユは牢獄の名前です。

1812 ナポレオンのロシア遠征 「**いわいに**行こうかロシアまで」

1815 ウィーン体制 「**はいご**にメッテルニヒ」

千の位の1は抜かしてもよいでしょう。

1823 モンロー宣言 「**ひとはふみ**こむなモンロー宣言」

ヨーロッパ人はアメリカにふみこむな、くらいの意味です。

1830 7月革命 「**ひは30度**、7月革命」

7月なので30度もあったと覚えておきましょう。

1848 2月革命 「**じゆうはようやく**、2月革命」

フランス革命、7月革命を経て、ようやく自由が達成されたと
覚えておきましょう。

☆**1861** 南北戦争 「**ひとはむいみな**、南北戦争」

アメリカの南北戦争のために日本への関与は一時減少します。
イタリア王国成立、露農奴解放令は同年（1861年）です。

☆**1871** ドイツ統一 「**ひばない**っぱい、ドイツ統一」

ドイツ統一後、英、仏に対して独が戦いを挑み、火花がいっぱ
いとなります。明治維新と同時期です。

☆**1894** 日清戦争 「**いっぱつきゅうしょ**に日清戦争」

語呂合わせは単純ですが、1000年前に何があったかは「894年
遣唐使廃止（はくしに戻す）」と覚えましょう。

1898 ファショダ事件 「**いっぱいくわせた**ファショダ事件」

1899 義和団の乱 「**8こく出兵**、義和団の乱」

本当に8カ国が出兵したので、これで覚えておきましょう。

1902 日英同盟 「**とおくをにらんで**日英同盟」
　　　　　　「**ひぐれに**日英同盟」

イギリスが光栄ある孤立政策を捨てたのが、この日英同盟です。

1904 日露戦争 「**れんしょ**う日本、日露戦争」

1900年代はとくに事件が多いので、下2桁のみ知っておけばいいでしょう。

☆**1910** 日韓併合 「**ひどくとういつ**、日韓併合」
日韓併合はひどいことなんだと理解しましょう。

☆**1911** 辛亥革命 「**いくひとびと**は、辛亥革命」
日本の条約改正完了と同年です。

☆**1914** 第1次世界大戦 「**ひどくひとしぬ**、第1次世界大戦」
世界大戦ですから、犠牲が大きかったと覚えておきましょう。

☆**1917** ロシア革命 「**とくいな**レーニン、ロシア革命」
レーニンは革命が得意なんだと覚えておきましょう。

☆**1929** 世界大恐慌 「**ひどくふくらむ**、大恐慌」
これも単純な語呂合わせですが、ふくらんで大恐慌になったとイメージを持てるようにしましょう。

☆**1931** 満州事変 「**いくさいけ**、満州事変」
日本史でも世界史でも重要な語呂合わせです。

☆**1939** 第2次世界大戦 「**いくさくるしむ**、第2次世界大戦」

1948 ソ連のベルリン封鎖 「空輸で**しっぱい**、ベルリン封鎖」
ソ連の占領下にあった東ドイツの中で離れ小島のように米英仏に占領されていたのが西ベルリンです。ソ連がベルリンを陸上で封鎖したのに対し、米英仏は西ベルリンに空輸を行ったので、空輸で失敗ベルリン封鎖と覚えます。

☆**1948** 第1次中東戦争

☆**1956** 第2次中東戦争

☆**1967** 第3次中東戦争

☆**1973** 第4次中東戦争 「**よわいころ**、**むなしいなみ**だ」
単純な語呂合わせですが、第4次が一番重要です。
第4次が原因となって第1次石油ショックが起こるからです。

1949 中華人民共和国成立 「**しく八苦して成立する**」
下2桁のみの語呂合わせで足りるでしょう。

1950〜53 朝鮮戦争 「**これ**は**ごさん**だ、朝鮮戦争」

これも下2桁のみの語呂合わせで足りるでしょう。

1955 バンドン会議 **「いくぞごーごー、バンドン会議」**

米ソどちらにも与しない第3勢力が行くぞゴーゴーと気合いを
入れている様子を思い浮かべれば記憶の助けになるでしょう。

1962 キューバ危機 **「ろーぷでキューバを封鎖する」**

ソ連がアメリカの近くのキューバにミサイルを設置しようとし
ました。これに対してアメリカは海上でキューバを封鎖したと
いう経緯があります。

1965 ベトナム戦争 **「りこ的なベトナム戦争」**

下2桁のみの語呂合わせで足りるでしょう。

1966 文化大革命 **「りろん武装の文化大革命」**

下2桁のみの語呂合わせで足りるでしょう。

☆**1979** ソ連アフガニスタン侵攻
「なくなるデタントアフガニスタン」

米ソ間で緊張緩和（デタント）していたのにソ連のアフガニス
タン侵攻により無くなったと覚えましょう。エジプト＝イスラ
エル平和条約やイラン革命も同年です。中東での重要出来事が
たくさん起こっています。

東洋、近代まで10

589 隋建国 「**こうやく**果たして隋統一」

618〜907 唐の建国から滅亡

「**ろうひはしてくれるな**、唐王朝」

唐は重要なので、618年〜907年としっかり覚えます。

751 タラス河畔の戦い 「**ながい**紙を**垂らす**の戦い」

読み方が強引ですが、紙を垂らすと覚えていきます。この戦い
で製紙法が欧州へ伝播します。

960 宋建国 「**くろうおうそう** 宋建国」

1368 明建国 「**いさむや**、明の朱元璋」

1392 李氏朝鮮建国 「**いざくに**作って、李氏朝鮮」

日本の南北朝の統一と同年です。

1616 清建国 「**いろいろ**あって、清建国」

1840〜42 アヘン戦争 「**はじを、よに**出すアヘン戦争」

下3桁を知っておけば十分でしょう。

1851 太平天国の乱 「**ひとはこい**、と太平天国の乱」

1851年当時はシパーヒーの乱、クリミア戦争、太平天国の乱と
3つの事態が影響し、英は清の時のように日本に対して強引な
態度を取れなかったのです。

1856〜60 アロー戦争 「**ごろ**つき連中、**むれ**で来る」

あとがき

　ここまで読んで頂きまして、ありがとうございました。

　この語呂合わせで完璧とまでは言えませんが、語呂合わせでラクできるところはショートカットしましょう。

　あとは、とにかく過去問。「過去問が目的、テキストは手段」。この本の教養系、特に人文科学は虫食いでも構わないので、過去問に集中してください。

「合格者は過去問に出た知識は間違いません」という言い方より、「過去問を間違えなかったから合格しました」という言い方の方が、正しいかもしれません。過去問以外の知識は、みんな知りません。そういうのは、「どうせみんなできない」んです。

「何がみんなできない知識なのか」を正確に知るためには、過去問を執念でマスターしなければいけません。ここは努力しましょう。全ての合格者が通る道です。「そこまでするから合格者」です。

　みなさんは、この本を読んで合格して公務員になって、社会の「一隅を照らして」ください（最澄）。みなさんがみなさんの一隅を照らせば、社会は光り輝くものになります。がんばって。

　最後に、私は少年の頃から本が大好きでした。一冊の本を出すのは、自分にとってまさに夢でした。その本をここまで読んで頂いた方、出版に携わった方に感謝の意を表するとともに、私を支えてくれている家族に改めて感謝したいと思います。

　そして、これまで私の授業を聴いて講師中島基浩を作ってくれた受講生のみなさん、ありがとうございます。これからの受講生の皆様、よろしくお願いします。教室で待っています。

　最後まで読んで頂きまして、ありがとうございました。

公務員試験講師　中島基浩

著者プロフィール

中島 基浩（なかじま もとひろ）

1971年生まれ。京都府出身、滋賀県在住。
1995年東京大学教養学部国際関係論学科卒業、同年外務省入省。人事課、エジプト大使館等で勤務。1999年退職後、2001年より公務員試験指導開始。
大手予備校と関西32大学で、人文科学・社会科学・文章理解・法律・行政・面接・論作文・時事・集団討論等を担当。
行政書士と精神保健福祉士の資格あり。
文系のジェネラリスト・試験のスペシャリスト。

中島基浩公務員試験合格ブログ
https://ameblo.jp/rona-shiken/
株式会社ワークアカデミーに勤務。

語呂合わせで急所をチェック　公務員試験

2020年3月15日　初版第1刷発行

著　者　　中島 基浩
発行者　　瓜谷 綱延
発行所　　株式会社文芸社
　　　　　〒160-0022　東京都新宿区新宿1－10－1
　　　　　　　　　　　電話　03-5369-3060（代表）
　　　　　　　　　　　　　　03-5369-2299（販売）

印刷所　　株式会社フクイン